Stadt, Land, Volk

Michael Bröning | Michael Wolffsohn

Stadt, Land, Volk

Ein Streitgespräch über die
Zukunft der Demokratie

Herausgegeben von Reinhard Bingener

edition ❖ chrismon

Bibliografische Information der Deutschen Nationalbibliothek
Die Deutsche Nationalbibliothek verzeichnet diese Publikation
in der Deutschen Nationalbibliografie; detaillierte bibliografische
Daten sind im Internet über http://dnb.d-nb.de abrufbar.

© 2019 by edition chrismon in der Evangelischen Verlagsanstalt
GmbH · Leipzig
Printed in Germany

Das Werk einschließlich aller seiner Teile ist urheberrechtlich
geschützt. Jede Verwertung außerhalb der Grenzen des Urheber-
rechtsgesetzes ist ohne Zustimmung des Verlags unzulässig und
strafbar. Das gilt insbesondere für Vervielfältigungen, Über-
setzungen, Mikroverfilmungen und die Einspeicherung und
Verarbeitung in elektronischen Systemen.

Das Buch wurde auf alterungsbeständigem Papier gedruckt.

Covergestaltung: Elina Hartlaub, Frankfurt/Main
Innenlayout: makena plangrafik, Leipzig
Druck und Binden: BELTZ Bad Langensalza GmbH

ISBN 978-3-96038-194-5
www.eva-leipzig.de

Michael Bröning hat die politische Linke, der er sich verpflichtet fühlt, in seinem vielbeachteten Buch »Lob der Nation« nachdrücklich davor gewarnt, den Nationalstaat als überholt oder gestrig zu belächeln und damit letztlich dem politischen Gegner zu überlassen. Als Leiter des Referats für internationale Politikanalyse der SPD-nahen Friedrich-Ebert-Stiftung scheut Bröning auch nicht davor zurück, über die Nachteile einer ungesteuerten Einwanderung zu sprechen, gerade weil er an klassischen linken Positionen wie gesellschaftlicher Solidarität durch Umverteilung festhält und den Sozialstaat bewahren möchte.

Das Denken von Michael Wolffsohn ist im Unterschied zu Bröning von einer Kombination aus liberalen und konservativen Grundannahmen geprägt. Das politische Ideal des bekannten Historikers ist ein leistungsfähiger, aber schlanker Staat, der den Freiraum seiner Bürger möglichst wenig einschränkt. Dies kann, muss aber nicht unbedingt im Rahmen eines Nationalstaats geschehen. Zudem hält Wolffsohn die Nationalstaaten für viel fragiler als weithin angenommen. Die Föderalisierung bestehender Staaten ist für Wolffsohn ebenso wenig ein Schreckgespenst wie eine verstärkte transnationale Kooperation.

Gemeinsam ist beiden Gesprächspartnern, dass ihr politisches Denken nicht in Maximalforderungen mündet oder einen für alle Zeiten geltenden Endzustand anstrebt. Bröning und Wolffsohn wollen mit ihren politischen Analysen nicht nach Utopia führen. Ihr Ziel ist bescheidener, aber deshalb auch humaner: Es geht darum, einen Ordnungsrahmen zu finden, in dem sich die vorfindlichen Strömungen und Kräfte der europäischen Gesellschaften friedlich zusammenführen lassen.

Gewürdigt werden sollen an dieser Stelle diejenigen, die den Anstoß zu diesem Buch gegeben haben und ohne deren stetiges Zutun es nicht zustande gekommen wäre: Dr. Annette Weidhas, Programm- und Verlagsleiterin der Evangelischen Verlagsanstalt (EVA), sowie Annegret Grimm, Programmleiterin des EVA-Imprints edition chrismon. Die Autoren und der Herausgeber sagen beiden für ihr Engagement herzlichen Dank.

Reinhard Bingener
Januar 2019

Vorwort

Der Ausgangspunkt dieses Buches ist die Beobachtung, dass Deutschland und Europa in eine Zeit des beschleunigten Wandels eingetreten sind. Dieser Eindruck speist sich aus mehreren Quellen: Es ist gar nicht lange her, dass in Meinungsartikeln die Klage geführt wurde, über das Land habe sich eine bleierne Stille und apolitische Langeweile gelegt. Solche Stimmen sind mit der Flüchtlingskrise und der darauf folgenden innenpolitischen Polarisierung schlagartig verstummt. Stattdessen hat sich in der Gesellschaft ein Gefühl der Verunsicherung breitgemacht, das allerdings nicht allein mit der Migration zu erklären ist. Der rasante Wandel durch die Digitalisierung trägt dazu ebenso bei wie der Klimawandel, dessen Folgen in zunehmendem Maß greifbar werden.

Auch auf geopolitischer Ebene deutet sich ein Umbruch an. Dass der seit dem Zweiten Weltkrieg bestehende Grundkonsens zwischen Westeuropa und Nordamerika in Fragen der Sicherheits- und Handelspolitik nicht mehr ohne Einschränkung gilt, ist dafür wohl nur ein Symptom. Der eigentliche Grund liegt darin, dass die bisher dominante Rolle dieser beiden Regionen in der Welt zur Disposition steht. Der im Jahr 1992 vom Politikwissenschaftler Francis Fukuyama als »Ende der Geschichte« proklamierte Sieg von liberaler Demokratie und kapitalistischer Marktwirtschaft scheint hinfällig. Russland, vor allem aber China haben sich aufgemacht, mit eigenen Ordnungsmodellen in eine neue Systemkonkurrenz einzutreten.

Das politische Geschehen scheint sich somit gleich auf mehreren Ebenen neu zu sortieren. Unter der Überschrift »Stadt, Land, Volk« möchte dieses Buch einen nüchternen, analytischen Blick auf diesen Wandel werfen. Der Buchtitel will deutlich machen, dass sich die Veränderungen nicht nur in der abstrakten Ferne transnationaler Institutionen abspielen, sondern oftmals vor Ort mit Händen zu greifen sind: Dörfer, ja ganze Landstriche veröden und verlieren massiv an Bevölkerung, während sich die Städte zu kulturellen Schmelztiegeln wandeln, die auf die einen bunt und dynamisch wirken, auf andere hingegen konfliktreich und abstoßend. Alte Identitätsmuster lösen sich auf, neue entstehen in beinahe spielerisch wirkender Kombinationslust. Auch dieser Prozess verläuft keineswegs konfliktfrei. In den europäischen Gesellschaften werden in neuer und verschärfter Form Fragen der Zugehörigkeit verhandelt: Wer darf ins Land hineinkommen, wer dauerhaft bleiben? Definiert sich Identität über den Reisepass, über das Grundgesetz oder muss dafür eine Leitkultur formuliert werden? Soll der künftige Ordnungsrahmen ein nationaler oder ein europäischer sein?

Über diese und andere Themen soll im folgenden Gespräch mit Prof. Dr. Michael Wolffsohn und Dr. Michael Bröning debattiert werden. Das Wagnis, aber auch der Reiz dieses Buches besteht darin, dass hier keine Extrempositionen in einen kurzatmigen Schlagabtausch gehetzt werden. Wolffsohn und Bröning argumentieren zwar von grundverschiedenen Positionen aus, aber sie lassen sich beide nicht in die hergebrachten Schablonen von links und rechts, progressiv und konservativ pressen, sondern stehen an wichtigen Punkten quer zu den gewohnten Fronten.

Inhalt

1. Herausgeforderte Demokratie — 11

2. Gesellschaftliche Spaltungen — 43

3. Epochenfrage Migration — 71

4. Der Staat und seine Grenzen — 97

5. Völker, Nationen, Minderheiten — 123

6. Deutschland, Europa und die Welt — 143

1. Herausgeforderte Demokratie

BINGENER: *Lieber Herr Wolffsohn, lieber Herr Bröning, am 9. November 2018 wurde von diversen Balkonen Europas die Europäische Republik ausgerufen und das Ende der Nationalstaaten proklamiert. Vermutlich haben Sie von diesem »European Balcony Project« im Schnittfeld von Kunst und Politik gehört. Was halten Sie davon – ist das eine zukunftsweisende Idee oder eine Illusion?*

WOLFFSOHN: Der Gedanke scheint sympathisch, ist aber vollkommen unrealistisch. Die Balkonengeste ist schön, weil damit natürlich an die Ausrufung der Republik durch Philipp Scheidemann erinnert wird oder an den »Gegenbalkon« von Karl Liebknecht. Die Idee ist deshalb so sympathisch, weil sie sich von der Fokussierung auf den Nationalstaat löst, von der Notwendigkeit einer funktionalen Zusammenarbeit ausgeht und nationale Urteile und Vorurteile überwinden will. Aber die Wirklichkeit sieht, fürchte ich, so aus, dass es in Europa eher zu einer Re-Regionalisierung und Re-Nationalisierung kommen wird. Re-Nationalisierung muss nicht von vornherein negativ sein, aber die Erfahrung zeigt: Nationalismen neigen zu Extremformen. Gegen einen aufgeklärten Nationalismus, Patriotismus oder wie immer man das nennen will, ist an sich nichts zu sagen. Punktum: sympathisch, aber unrealistisch.

BRÖNING: Ich sehe das durchaus kritischer: Das wäre sympathisch, wenn es nicht so gefährlich wäre.

BINGENER: *Die Initiatoren des Projekts, zu denen der Autor Robert Menasse und die Politikwissenschaftlerin Ulrike Guerot gehören, schreiben: »Europäer ist, wer es sein will. Die Europäische Republik ist der erste Schritt auf dem Weg zur globalen Demokratie.« Was ist daran gefährlich?*

BRÖNING: Das Projekt ist gefährlich, weil jede Umfrage zeigt, dass eine Europäische Republik auf den Trümmern der Nationalstaaten genau das ist, was die meisten Menschen in Europa nicht wollen. Die Aktivisten des Balcony Project wären deshalb nur erfolgreich, wenn sie sich im nächsten Schritt daranmachten, das Volk aufzulösen und sich ein neues zu wählen, um mit Bert Brecht zu sprechen. Deshalb versinnbildlicht die Aktion für mich genau die Art von »Hurra-Europäismus«, die nicht Teil der Lösung ist, sondern Teil des Problems. Und es ist traurig, ja letztlich ironisch, dass Europa auf diesem Weg nicht nur von den Rechtspopulisten infrage gestellt wird, sondern unbeabsichtigt auch von Europafreunden, die in ihrer visionären Begeisterung nicht verstehen, dass man manchmal eher weniger Europa braucht, um die europäische Idee zu sichern. Noch utopischer ist dabei die Vision einer globalen Demokratie. Ja, demokratische Staaten weltweit wären ein Segen. Aber ein demokratischer Weltstaat? Ein solcher wäre nicht nur ein bürokratisches Monstrum, sondern würde Selbstbestimmung unmöglich machen. Wie sollen in einem Weltstaat politische Präferenzen abgebildet werden? Pluralismus und Diversität jedenfalls ließen sich in einem solchen Gebilde kaum sicherstellen. Und: Bilden wir die Weltregierung dann mit Putin, Trump, Erdogan, dem brasilianischen Präsidenten Bolsonaro und Kim Jong-un?

BINGENER: *Sie sehen also Europa und seine Staaten nicht nur von seinen Feinden bedroht, sondern auch von seinen vermeintlich besten Freunden. Aber wie groß ist die Gefahr? Herr Wolffsohn, Sie halten politische Systeme ja generell für deutlich fragiler, als man gemeinhin annimmt.*

WOLFFSOHN: Jede Gesellschaft an sich ist fragil, weil sie immer vielschichtig ist. Die »eine Nation« ist eine Fiktion. Wir haben, um es marxistisch zu formulieren, den Gegensatz von Klassen, wir haben den Gegensatz von Religionen, Ideologien, Sprachen und anderem. Letzteres schien in den weitgehend heidnisch gewordenen deutschen und westeuropäischen Gesellschaften völlig vergessen worden zu sein, aber der Rest der Welt ist eben a) größer und b) anders programmiert. Wo auch immer ich hinschaue, sehe ich dramatische Unterschiede. Deswegen ist es notwendig, auch aus funktionalen und aus Gründen der Zivilität, den Menschen vor dem Menschen zu schützen, Mechanismen zu entwickeln oder zu stärken, die einen Crash der verschiedenen politischen Einheiten verhindert.

Ich bin aber nicht der Ansicht, dass wir dafür mehr plebiszitäre Elemente wie Volksabstimmungen usw. einführen sollten, im Gegenteil: Wir haben zu wenig repräsentative Demokratie und zunehmend zu viele außerinstitutionelle politische Auseinandersetzungen. Denn solange die gesellschaftlichen Gegensätze in den Institutionen ausgetragen werden, gilt die Formel: Worte statt Waffen. In dem Augenblick, in dem die gesellschaftlichen Auseinandersetzungen außerhalb der Institutionen, sprich den Parlamenten, stattfinden, kommt es – strukturell programmiert – zu Gewalttätigkeit. Das halte ich für ein Krisensymptom.

Die diversen Demonstrationen und Gegendemonstrationen und die Zunahme von Gewalt dabei – sei es durch rechts- oder linksextremistische Randale, sei es durch sozialpolitisch motivierte Aufstände wie die der Gelbwesten in Frankreich – sind Krisenzeichen. Und die überall zu beobachtende Zunahme der Nutzung plebiszitärer Elemente durch Verantwortliche der repräsentativen Demokratie bekämpft nicht etwa die Krise, sondern vertieft sie. Denn auf diese Weise zählen faktisch Stimmungen mehr als die Stimmen der für vier oder fünf Jahre gewählten politisch Verantwortlichen. Aus dem Instrument der Partizipation und damit der Pazifikation erwächst also eine Destabilisierung. Das ist eine Entwicklung, die mich beunruhigt.

BINGENER: *Teilen Sie diese Analyse, Herr Bröning? Und wie sieht es auf der europäischen Ebene aus? Wie fragil ist das europäische Projekt?*

BRÖNING: Ich würde mich der Analyse nur zum Teil anschließen. Zentral ist, dass politische Konflikte innerhalb des politischen Systems ausgetragen werden. Dabei geht es aber auch darum, Gesellschaften so abzubilden, dass möglichst breite Strömungen erfasst werden. Doch die demokratische Mitte muss halten. Ich bin vor allem in Sorge, wenn ich mir die Entwicklung in den Vereinigten Staaten anschaue. Die sogenannte populistische Revolte in Deutschland und in Europa hat sich ja lange Zeit außerhalb der etablierten Systeme abgespielt. Die etablierten Parteien wurden umgangen, und es wurden ganz neue Bewegungen gegründet, eben zunächst außerparlamentarische. In den Vereinigten Staaten hat es das genauso gegeben, aber nun hat das System die Revolte absorbiert. Das eindrücklichste

Beispiel dafür ist wahrscheinlich, wie die republikanische Partei von Donald Trump übernommen wurde. Aber auch die Demokraten rücken derzeit weit nach links. Die Folge ist politische Dysfunktionalität. Wenn Sie sich anschauen, wie kooperationsunfähig die beiden politischen Parteien in den USA geworden sind, wird klar, dass das reine Abbilden der Spaltung innerhalb des Systems auch kein Allheilmittel ist. Politik funktioniert nur, wenn ein gesellschaftlicher Grundkonsens besteht. Und der wird derzeit zum Teil infrage gestellt. Deshalb ist unsere Demokratie fragiler geworden. Es hat nichts mit »Diskurs« zu tun, wenn der Gegner wahlweise als Volksverräter oder als Faschist diffamiert wird. Diese Polarisierung geht zu weit.

Allerdings muss man unterscheiden, ob Staaten oder ob unsere Demokratien fragil sind. Die Staatsgebilde selbst halte ich nicht für fragil, im Gegenteil. Das Ableben der Nationalstaaten ist schon hundertmal besungen worden von Karl Marx bis zu den Hohepriestern des Neoliberalismus. Aber Staaten sind Konstrukte, die offenbar nicht vergehen wollen, sondern ziemlich robust sind. Im Hinblick auf die Regierungsform »Demokratie« sieht das anders aus. Hier steht Europa vor deutlichen Herausforderungen, und zwar von zwei Seiten her. Wenn man sich die aktuellen Wahlergebnisse in Ungarn, Polen, Österreich, der Schweiz, Schweden oder Dänemark anschaut, sieht man eine „populistische" Revolte von Leuten, die – überspitzt gesagt – antiliberal, aber nicht immer undemokratisch sind. Sie fordern ja mehr direkte Demokratie, mehr Referenden, und zugleich mehr Nationalstaat, weniger Brüssel, weniger Migration, weniger Minderheitenrechte. Auf der anderen Seite, und das wird oft übersehen, erleben wir aber das, was Yascha Mounk von der Universität Harvard als »antidemokratischen Liberalismus« bezeichnet. Hier ist manch einer mittlerweile bereit, demokratische Prinzipien infrage zu stellen, wenn es nur darum geht, das zu verteidigen, was als politisch »fortschrittlich« gilt. Daraus erwachsen dann Forderungen, der eigenen Überzeugung zuwiderlaufende Referenden zu ignorieren, Abstimmungen so lange zu wiederholen, bis das Ergebnis passt, oder unliebsame Stimmen gleich ganz zu verbieten. Auch wenn diese Position vom Wunsch getragen sein mag, das vermeintlich Gute, Wahre und Schöne anzustreben, birgt sie in sich einen undemokratischen Kern. Deswegen sehe ich von zwei Seiten her eine Entwicklung, die den demokratischen Grundkonsens angreift – auch wenn ich beide Trends nicht gleichsetzen will. Darüber hinaus aber sorge ich mich um die Zukunft der Demokratie, wenn ich mich frage, was eigentlich nach der aktuellen populistischen Welle kommt.

BINGENER: *Ist die Erosion des vorpolitischen Konsenses über Werte und Umgangsformen der eigentliche Kern des Problems?*

WOLFFSOHN: Jeder gesellschaftliche Konsens ist meines Erachtens eine Fiktion, wenn auch eine sehr sympathische Fiktion. Als Historiker versuche ich, die Wirklichkeit als Wirklichkeit zu erkennen. Ich spreche nicht von Objektivität, sondern vielmehr von dem Versuch, den realen Charakter der Wirklichkeit zu erkennen und scheinbar widersprüchlich zu formulieren. Wo gab es denn – historisch betrachtet – wann einen echten Konsens, einen allgemeinen Wertekonsens? Einen Regelkonsens zu erreichen, halte ich hingegen für unverzichtbar. Das Beispiel, das mir in diesem Zusammenhang immer einfällt, ist der Straßenverkehr. Wir können nicht beschließen, den Linksverkehr einzuführen, nur weil Herr Bröning oder ich den vielleicht lieber hätten. Das ist einfach nicht möglich, da gäbe es zu viele Geisterfahrer, was dysfunktional wäre. Ein Regelkonsens ist also unverzichtbar und muss durchgesetzt werden. Das kann nur eine administrative Einheit, die über das Gewaltmonopol verfügt – und die nennt man Staat. Deswegen sind alle Totsagungen von oder Mordabsichten an Staatsgewalt als solche absurd, denn man braucht eine administrative Einheit. Je größer die Menschenzahl, desto notwendiger ist eine steuernde funktionale Monopolinstitution. Das ist der Staat. Erster Punkt.

Zweiter Punkt: Es kann und wird zwischen vielen unterschiedlichen Menschen niemals einen allumfassenden Konsens geben. Ich brauche also ein Regulativ. Das ist der Staat, und der Staat muss funktionierende Institutionen haben. Die bedauerliche, aber realistische Grundüberlegung dabei ist: Jede Gesellschaft befindet sich in einem permanenten Bürgerkrieg. Das heißt in der Regel nicht, dass man zu den Waffen greift, aber Andersdenkende und Andershandelnde sind tatsächlich Gegner. Im individuellen, alltäglichen Bereich und erst recht im politischen könnte man mit Thomas Hobbes sagen: Jeder Mensch ist des anderen Wolf. Schreckliche Situation, aber es war nie anders. Auch nicht in früheren nationalen Gesellschaften, selbst dann nicht, wenn sie kulturell homogener waren als heute. Genau betrachtet, gibt es keine homogenen Gesellschaften, Menschen sind immer verschieden, was auch gut so ist. Wie können wir also die notwendige Inhomogenität einer Gesellschaft so steuern, dass sie produktiv bleibt, dass die Vielfalt, die wir alle wollen, nicht in Destruktion umkippt? Letztlich nur durch eine administrative Einheit mit all ihren Institutionen und Steuerungselementen für Auseinandersetzungen, die wir Staat nennen. Die »Feindschaften«, die in den Institutionen ausgetragen werden, sind das reale Abbild der Gesellschaft, nur minus Waffen – und das ist der entscheidende Punkt. Diesen zivilisatorischen Konsens halte ich für unverzichtbar.

Historisch betrachtet, erleben wir im Moment eine ganz normale wellenartige Bewegung: Immer nach großen Katastrophen sieht ein größerer Teil der jeweiligen Gesellschaft ein, dass es nicht noch einmal so katastrophal werden darf, wie es vorher war, um dann wieder die Vorzüge dieses funktionalen Konsenses zu vergessen und – nennen wir es aus Übermut – die Errungenschaften der repräsentativen Demokratie, die wir in Deutschland und Westeuropa nach enormem Blutvergießen erreicht haben, wieder aufs Spiel zu setzen.

BRÖNING: Mag sein, aber bei aller gesellschaftlicher Auseinandersetzung, wie wir sie jetzt erleben, sollte man verstehen, dass Streit der Normalfall ist. Ich würde deshalb davor warnen, das Lied auf den nahen Weltuntergang anzustimmen, weil wir die Lehren der Geschichte vergessen hätten und jetzt wieder so furchtbar gemein zueinander seien. Ich bin zwar noch etwas jünger als Sie, Herr Wolffsohn, aber ich meine, in den 1970er und 1980er Jahren hat das Ausmaß der gesellschaftlichen Auseinandersetzungen wahrscheinlich über dem heutigen Niveau gelegen. Denken Sie an den Kampf um die Startbahn West, um Wackersdorf oder die Ostverträge Willy Brandts. Im Deutschen Herbst wurden Menschen entführt und ermordet. In den 1920er Jahren gab es Straßenschlachten. Sie können noch weiter zurückgehen zum Dreißigjährigen Krieg. Kurzum: Die Geschichte Europas ist nicht wirklich die Geschichte von eitel Sonnenschein. Gesellschaftliche Polarisierung, wie wir sie heute erleben, ist deswegen möglicherweise eher der Normalfall und das, was wir in den vergangenen dreißig Jahren erlebt haben, eher die Ausnahme. Vielleicht eine Art von kurzzeitiger Euphorie über das Ende des Kalten Krieges? Die Auseinandersetzungen, die wir jetzt zu den Fragekreisen Globalisierung und Migration erleben, sind zwar intensiv, aber nicht grundsätzlich neu. Und sie sind legitim. Es ist ja nicht schlimm, dass Menschen miteinander streiten, so gehört sich das erst einmal. Wer das nicht versteht, braucht Nachhilfe im Einmaleins der Demokratie.

Wichtig aber ist, dass ein Werterahmen existiert. An dem von Ihnen, Herr Wolffsohn, angeführten Beispiel Straßenverkehr wird das deutlich. Der erste Paragraf der Straßenverkehrsordnung spricht von gegenseitiger Rücksichtnahme. Was das aber ist, können Sie nicht definieren. Weil Rücksichtnahme fallabhängig ist und von jedem anders interpretiert wird. Trotzdem ist sie das Gerüst, auf dem alles beruht. Und das ist letztlich ein Wert: Rücksicht aufeinander zu nehmen. Das zeigt, wie sehr wir einen Wertekonsens brauchen. Diese Werte aber müssen gesellschaftlich vereinbart werden. Und dafür ist ein gemeinsamer Blick auf die Realität unerlässlich. Wenn wir diesen fördern, kann das gelingen. Deswegen ist es bei aller Sorge um die Demokratie für Pessimismus zu früh. In der politischen Landschaft in Deutschland weist vieles darauf hin, dass der Nerv noch lebt: Wir sehen neue Parteigründungen, wir sehen, dass sich das Parteiensystem neu ausbuchstabiert. Wir sehen neue gesellschaftliche Initiativen und haben ein breites politisches Spektrum im Land. Bei »Pulse of

Europe« setzen sich junge Leute für ein geeintes Europa ein, und bei Pegida-Demonstrationen wird die genau entgegengesetzte politische Richtung formuliert. Wir sehen, dass die Wahlbeteiligung steigt, dass die Leute nicht sagen, ich lege die Hände in den Schoß, das geht mich alles nichts an. Nein, sie gehen zu Abstimmungen und beteiligen sich. Da ist sehr viel Lebendiges, und ich halte das auch für ein positives Zeichen. Es zeigt, dass wir in unserer Krisendiagnose nicht zu weit gehen dürfen. Wir brauchen einen Konsens, und das, was jetzt gerade passiert, ist der Versuch der Gesellschaft, ihn auszuhandeln.

BINGENER: *Sie werfen damit eine ganz wichtige Frage auf: Wie tief reicht eigentlich die Krisendiagnose? Es mutet auf den ersten Blick merkwürdig an, wenn heute Leute auf ihrer Couch über den bevorstehenden Untergang des Systems fabulieren, kurz nachdem sie ihr SUV in der Garage geparkt haben.*

WOLFFSOHN: Die Krisendiagnose ist als solche falsch. Die Frage ist doch: Was verstehen wir unter einer Krise? Wenn wir Krise definieren als nicht vorhandene Stabilität, dann kann man nur feststellen: Stabilität kann es und soll es nicht geben in einer menschlichen Gesellschaft, denn Anpassung und Entwicklung ist etwas ganz Natürliches. Ich muss da jetzt sicher nicht mit Biologismen kommen und die Evolution als Beispiel anführen, aber im Grunde genommen ist es so. Das Gerede über Krise sollte man realistisch historisch einordnen. Wir kriseln auf einem relativ hohen Niveau. Die Welt ist schlecht, aber nie war sie so gut wie jetzt, zumindest für uns in Deutschland und Westeuropa. Das Feststellen einer Krise ist eigentlich mehr die Angst vor Kommendem. Aber jenseits dieses eher optimistischen Einschätzens gibt es natürlich eine faktisch neue Entwicklung: Die Zunahme von Gewalt als gesellschaftliches Phänomen ist im Vergleich zur westeuropäischen Situation nach 1945 unbestreitbar.

BINGENER: *Woran machen Sie das fest?*

WOLFFSOHN: Ich meine beispielsweise den Terror. Oder gewalttätige Auseinandersetzungen zwischen Rechts und Links, seien sie in Hamburg beim G20-Gipfel oder in Chemnitz oder, oder, oder. Und das wiederum hängt mit einer anderen Form der Instabilität zusammen, nämlich mit der demografischen Revolution, in der wir uns jetzt befinden. Übrigens nicht erst seit 2015, sondern im Grunde genommen seit dem Prozess der Entkolonialisierung nach 1945. Um es am Beispiel Frankreich zu illustrieren: Die Unabhängigkeit von Tunesien und Marokko 1956 und Algerien 1962 zog einen Exodus aus den nordafrikanischen Staaten nach sich. Nicht nur von den Exkolonialisten, sondern eben auch von der einheimischen Bevölkerung, die erkannte, dass das Leben in Frankreich, der ehemaligen Kolonialmacht, immer noch besser ist als das in den neuen unabhängigen Staaten.

BINGENER: *Migration ist also ein Teil des Problems?*

WOLFFSOHN: Ja und nein, Migration hat mehrere Elemente: Entkolonialisierung, Arbeitsmigration, Kriege und Bürgerkriege. Migration ist sozusagen ein Sammelbegriff. Und durch die Migration, um beim Sammelbegriff zu bleiben, haben wir eine demografische Revolution. Das ist aber wiederum historisch betrachtet »nur« ein neuer Faktor der ständigen Instabilität von Gesellschaften. Und es bedarf nach jeder Veränderung, sei sie revolutionär oder nicht, einer Anpassung. Das ist überhaupt nichts Neues. Neu ist die enorme Quantität der Migration, die zu einer deutlichen Zunahme unterschiedlicher Lebensvorstellungen geführt hat. Neu ist auch das Fehlen eines Regelkonsenses zwischen Migranten und Einheimischen. Denn die Migranten kommen weitgehend aus Regionen, in denen es gar keine Institutionen gegeben hat, durch die man beispielsweise den institutionellen zivilisatorischen Konsens »Worte statt Waffen« hätte einüben können. Das wiederum führt zu einer Radikalisierung der ohnehin schon tendenziell gewalttätigeren Teile der Bevölkerung. Und daher haben wir eine Zunahme der Gewalt, die tatsächlich mit der demografischen Revolution zu tun hat. Wie kann man das regulieren? Ist das nur eine funktionale Frage oder auch eine Frage der Werte?

Um zum Straßenverkehr zurückzukommen: Nehmen wir die Rücksichtnahme. Rücksichtnahme ist doch ein anderes Wort für das, und jetzt kommen wir tatsächlich in die Wertediskussion, was in der amerikanischen Unabhängigkeitserklärung 1776 formuliert worden ist: Jeder Mensch hat das Recht auf »Life, Liberty and the Pursuit of Happiness«. An erster Stelle steht das Leben. Was heißt das? Die Würde des Menschen, präziser: das Leben des Menschen ist unantastbar. Das ist ein hoher Wert. Und der muss funktional gesichert werden. Administrativ in den verschiedensten Bereichen durch den Staat, im Straßenverkehr durch die Straßenverkehrsordnung, in der innergesellschaftlichen Auseinandersetzung dadurch, dass man Streit so zivilisiert, dass der Schutz des Menschen vor dem Menschen, also Zivilisation im Sinne von Norbert Elias gewährleistet ist. Das ist der Wert an sich. Ohne ihn kann keiner individuell oder gruppenbezogen sein Streben nach Glück überhaupt anpacken, geschweige denn realisieren. So gesehen ist die funktionale Konsensnotwendigkeit, die scheinbar eben nicht normativ bestimmt ist, höchst normativ, also ein Wert, ja, der Wert.

BRÖNING: Es braucht schon mehr als nur die garantierte Unantastbarkeit, Herr Wolffsohn. Ich finde Ihren Verweis auf die amerikanische Unabhängigkeitserklärung dabei wichtig. Die spricht ja nicht zufällig vom »Volk«, in dem »alle Menschen gleich geboren« sind. Die hier angesprochene Idee der Gleichheit im Sinne eines ethischen Grundsatzes ist entscheidend. Gleichheit ist ein zentraler Ausgangspunkt des Gemeinwesens – nicht als Ergebnisgleichheit, aber als moralische Idee. Das haben wir aus meiner Sicht vernachlässigt in letzter Zeit. Aber der Ausgangspunkt der Frage war ja das SUV und die Überlegung, ob wir nicht materiell saturiert unseren Frieden machen sollten mit dem Status quo. Für einen großen Teil der Bevölkerung stimmt das natürlich, weil wir als Konsumenten von vielen Entwicklungen global profitieren. Wir kaufen Smartphones und können übers Wochenende mit dem Billigflieger nach Barcelona, wenn wir das wollen. Weite Teile der Mittelschicht genießen ungefähr den Lebensstandard eines römischen Kaisers, auch jemand mit einem Nine-to-five-Job irgendwo in der deutschen Provinz.

Aber der materielle Wohlstand ist gesellschaftlich nicht ausbalanciert. Es kann sich eben längst nicht jeder ein SUV in die Garage stellen. Im Gegenteil: Die Ungleichheit in Deutschland, aber auch in Europa, nimmt massiv zu. Es gibt eine Spaltung des Wohlstands, die ein politisches Problem darstellt, weil Zukunft von vielen Menschen – durchaus zu Recht – nicht mehr als vielversprechend wahrgenommen wird. Wenn Sie heute als alleinstehende Mutter im Einzelhandel Drogerieartikel in Teilzeit verkaufen, dann ist Ihnen Altersarmut ziemlich sicher. Das ist das Gegenteil des amerikanischen Traums: eine Abstiegsgesellschaft. Die Zukunftsangst hat im unteren Viertel der Gesellschaft stark zugenommen – und diese Angst ist keine Hysterie, sondern Realismus und muss politisch bearbeitet werden. Stabilität im Sinn sozialer Absicherung, lieber Herr Wolffsohn, muss leistbar sein. Die Demokratie als politisches System muss da Sicherungsmechanismen anbieten. Das haben wir in den letzten zwanzig Jahren nicht stark genug betrieben. Im Gegenteil. Wir haben zugelassen, dass der Staat an vielen Stellen zurückgebaut wurde, was auch zum Teil Schuld der Progressiven in Europa und in Deutschland war, die dabei ihr Kernanliegen Gerechtigkeit zu weit aus dem Blick verloren haben – das will ich gerne selbstkritisch zugeben.

BINGENER: *Ich würde gerne ein oft genanntes Stichwort aufgreifen: Angst. Das Wort wird gegenwärtig in politischen Auseinandersetzungen vielfach verwendet und steht, wenn ich das richtig interpretierte, eigentlich dafür, dass es weniger die Gegenwart ist, die als bedrückend wahrgenommen wird, als vielmehr die Zukunft. Solche Angst kann ja unterschiedliche Facetten haben: Die Frage, wie sich die Renten entwickeln. Die unsichere Zukunft des Euro. Die Sorge über den Klimawandel. Vielleicht ergeben sich aber auch offene Fragen, wenn plötzlich die Hälfte der Kinder in einer Grundschulklasse einen arabischen Vornamen hat. Es gibt ganz verschiedene Angstszenarien, die größtenteils unausgesprochen und irgendwie diffus bleiben. Kann so etwas in ein subkutanes Krisen-*

gefühl münden, in eine Ahnung, dass man auf einen Abgrund zuläuft?

BRÖNING: Ja, die Angst ist mehrdimensional. Aus meiner Sicht verbindet sich aber vieles in der Bewertung von Globalisierungsphänomenen, die sich verändert. In der Vergangenheit wurde Globalisierung aus deutscher, aus europäischer und aus nordamerikanischer Perspektive meist als fortschrittliches Wohlfahrtsversprechen verstanden. Das hat sich geändert. Globalisierung ist heute für viele Menschen eben keine Verheißung mehr auf eine bessere Zukunft, auf mehr Wohlstand, auf mehr Sicherheit, auf mehr positive kulturelle Stimulation. Globalisierung wird heute eher als Bedrohung wahrgenommen. Und das spielt sich auf verschiedenen Ebenen ab und nimmt verschiedene Formen an. Wenn Sie beispielsweise den amerikanischen Rust Belt in den Blick nehmen, erscheint Globalisierung in erster Linie als Wegbruch von Manufactoring Jobs, bei denen man noch Metall gewalzt und daraus Autos gebaut hat. Wenn Sie nach Südeuropa schauen, ist Globalisierung für viele die hohe Jugendarbeitslosigkeit. Wenn Sie nach Lateinamerika schauen, heißt Globalisierung rücksichtslos verordnete Öffnung der Märkte, im Sinne der Kompatibilität mit dem Welthandel, Stichwort Nordamerikanisches Freihandelsabkommen (NAFTA). Wenn Sie nach Nord- und Mitteleuropa schauen, dann ist Globalisierung für manch einen Migration.

BINGENER: *Sehen Sie diese ins Negative veränderte Wahrnehmung auch bei der Europäischen Union und beim Euro?*

BRÖNING: Zumindest zum Teil, denn die Europäische Union (EU) bedeutet ja durchaus ein Stück weit Kontrollabgabe. Wobei man aber unterscheiden sollte zwischen der EU, wie sie ist, und der EU, wie sie zumindest theoretisch sein könnte. Es ist ja kein Zufall, dass eine der größten populistischen Revolten der vergangenen Jahre, der Brexit, mit dem Versprechen »Take back control« verknüpft gewesen ist – mit dem Wunsch, wieder Herr im eigenen Haus zu sein. Viele Menschen der Mittelklasse haben heute den Eindruck, hier passiert etwas mit uns, wir sind nicht mehr Gestalter der Globalisierung und wir profitieren auch nicht mehr so sehr davon, wir sind vom Subjekt plötzlich zum Objekt geworden – in dem Maße, wie andere global zu Akteuren geworden sind. Das ist ein Eindruck des Kontrollverlustes, und die populistische Antwort hat das genau erkannt. Sie will ja die Globalisierung pauschal rückabwickeln. Wo es um den Handel geht, kleidet sich der Widerstand eher in linkspopulistische Forderungen, und da, wo es um Migration geht, eher in rechtspopulistische. Die EU wird zwar oft als Schutzschild gegen diese Kräfte beschworen – der französische Präsident Macron spricht von einem »Europa, das schützt« –, aber die tatsächliche Bilanz der EU in dieser Hinsicht fällt bisher eher durchwachsen aus. Das nicht zuletzt, weil für gestalterische Politik in der Regel ein europaweiter Konsens erforderlich ist.

BINGENER: *Warum führt denn eigentlich Globalisierungskritik im Norden eher zu Rechtspopulismus und im Süden eher zu Linkspopulismus?*

BRÖNING: Weil sich das unschöne Antlitz der Globalisierung im Süden eher in Handelsfragen zeigt und im Norden eher in Migrationsfragen. Das Problem ist nur, dass die Antworten viel zu pauschal ausfallen. Denn auf vielen Ebenen profitieren wir ja von der Globalisierung.

WOLFFSOHN: Erst einmal ist es der historische Normalfall, aber die Krisenphänomene sind in den jeweiligen Staaten völlig unterschiedlich. Und ganz so klar teilt sich links und rechts auch nicht zwischen Süd und Nord auf. In Brasilien regiert inzwischen ein Rechtspopulist, in Mexiko ein Linkspopulist. Meist wechseln sich Links- und Rechtspopulisten ab. Wenn A lange genug regiert hat, kommt B, weil A nicht erfolgreich war. Aber in unserem Gespräch wird mir gerade etwas deutlich: der Altersunterschied zwischen uns und die Perspektive des jeweiligen Faches. Als Historiker neige ich dazu, die aktuelle Thematik unter universalhistorischen Gesichtspunkten zu betrachten. Ich will das auf diese Formel bringen: Die Ängste wechseln, aber die Angst bleibt. Das ist das Gesetz, unter dem wir leben, das ist für jedes Lebewesen gleich. Wir haben immer Sorgen. Jedes Lebewesen hat Sorgen: Wenn eine Pflanze kein Wasser hat, dann geht sie ein, unabhängig davon, ob sie das formulieren kann oder nicht. Der Eigentümer des SUV hat Angst, dass er mit einer Nuckelpinne fahren muss, und diejenigen, die nicht einmal eine Nuckelpinne haben, sondern froh sind, das Essen für sich und ihre Familie organisieren zu können, haben Angst, dass sie das nicht mehr können. Freilich ist die Angst bei Letzteren natürlich größer als bei den SUV-Besitzern. Dennoch gilt für alle: Ängste kommen und gehen, die Angst bleibt.

Der andere wichtige Punkt ist die Stabilisierung der Mitte, um der Zukunftsangst zu begegnen. Im sozioökonomischen Sinne ist sie geradezu ein moralisches

Gebot und die Aufgabe derer, die für ein Gemeinwesen Verantwortung tragen. Sie müssen dafür sorgen, nicht nur »Life, Liberty and the Pursuit of Happiness« zu sichern, sondern auch die Möglichkeiten des Broterwerbs – auf unterschiedlichem Niveau. Schaffen sie das nicht, wird die Gesellschaft dramatisch gefährdet, es kommt zu zunehmender Instabilität und zu Krisenerscheinungen. Aber auch das ist nichts Neues, das hat schon der gute alte Aristoteles festgestellt. Wann begann der politisch-militärisch-wirtschaftliche Niedergang Athens? Im Peloponnesischen Krieg. Damals gab es eine »allgemeine Wehrpflicht«, so würden wir heute sagen. Soldaten waren vor allem die Bauern. Wenn aber die Felder nicht bestellt werden konnten, führte das zu einer ökonomischen Krise für die Bauern – die damalige Mittelschicht –, aber auch für die Stadtbevölkerung, die nicht ernährt werden konnte, weshalb zum Schluss das Gemeinwesen insgesamt betroffen war. Das heißt also: Sowohl normativ als auch ökonomisch-funktional ist das Anstreben einer breiten Mitte der Gesellschaft ein Überlebensgebot.

Wir haben in Deutschland und Westeuropa eine »Wir«-Krise. Nachdem den Deutschen im 19. und in der ersten Hälfte des 20. Jahrhunderts eingebläut worden ist, du bist nichts, das Kollektiv ist alles, ist natürlich die Gegenposition verständlich: Das Individuum, also das »Ich«, steht im Mittelpunkt und nicht das »Wir«. Aber auch hier muss die Mitte gefunden werden. Nur »Wir« ist eine Katastrophe, nur »Ich« ist eine Katastrophe. »Ich« und »Wir« müssen immer wieder austariert werden.

BRÖNING: Da würde ich Ihnen Recht geben. Dass Angst zur Conditio humana gehört, ist klar – auch wenn das jetzt vielleicht essentialistisch klingt. Wir leben alle in banger Erwartung unseres ganz persönlichen Armageddons. Wir wissen, dass das Schlimmste, was jemals passieren kann, in jedem Fall passieren wird: Unser eigenes Ableben. Damit muss man erstmal klarkommen. Bis dahin geht es darum, ein möglichst hohes Maß an Kontrolle über den eigenen Lebensentwurf zu haben. Und das funktioniert, indem wir Menschen uns am demokratischen System beteiligen, in ihm unseren politischen Präferenzen Ausdruck verleihen können und uns im Übrigen dem »Pursuit of Happiness« widmen können. Das Problem ist aber, dass im politischen System die Mitte schrumpft, weil wir uns über Jahrzehnte dem Narrativ der politischen Alternativlosigkeit verschrieben haben. Das ist der Margaret-Thatcher-Slogan TINA: There Is No Alternative. Alternativen sind nicht denkbar, weil es nur den einen Weg, nämlich den der marktkonformen Demokratie gibt, wie Angela Merkel das genannt hat. Wo aber jede vernünftige Alternative als utopisch hingestellt wird, entwickeln sich radikale Antworten.

Das bringt auf den Punkt, was wir in Deutschland, aber auch in anderen demokratischen Ländern zu lange erlebt haben – einen Zustand, den Colin Crouch als Post-Demokratie bezeichnet. Es entsteht der Eindruck, dass Wahlen eigentlich kaum noch eine Auswirkung haben, sondern nur noch mediale Spektakel sind, weil wir ja alle wissen, dass wir uns nach dem Markt zu richten haben. Man hält das Primat der Politik vor der Ökonomie für Unsinn, was auch der Verlauf der Geschichte in der Sowjetunion gezeigt habe. Lassen wir es also. Das Umschwenken von Teilen der Linken an diesem Punkt ist eine Ursünde, weil sie damit ihren politischen Gestaltungsanspruch aufgibt. Stattdessen »setzt sie jetzt Zeichen«. Das aber schafft Platz für das Radikale an den Rändern, und wir verlieren zunehmend, was man als gesunde Mitte zwischen dem Wir und dem Ich bezeichnet.

WOLFFSOHN: Die Linke hat ihren Gestaltungsanspruch aufgegeben? Wie meinen Sie das genau?

BRÖNING: Ich meine damit letztlich den Versuch progressiver Parteien, nur in der Mitte die politische Auseinandersetzung für sich zu entscheiden. In Großbritannien wurde dies als »New Labor« verkauft. In Deutschland hieß das die »neue Mitte«. Letztlich aber handelte es sich dabei um eine ziemlich weitreichende Kapitulation gegenüber Marktkräften und neoliberaler Politik. »Regierung«, erklärte Ronald Reagan zu seinem Amtsantritt, »ist das Problem.« Manch ein Linker hat sich diesem Narrativ zumindest ein Stück weit angeschlossen. Auch viele eigentlich linke Parteien haben ja auf Deregulierung gesetzt, auf Angebotspolitik und auf Privatisierung. In Großbritannien etwa hat Tony Blair Studiengebühren eingeführt und Staatsunternehmen privatisiert, in Deutschland bekamen wir die Hartz-Reformen. Kompensiert wurde das dann durch besonders progressive Identitätspolitik. Und überall da, wo diese Tendenzen besonders stark waren, nämlich in den USA und in Großbritannien, kam es zu einem besonders starken Backlash. Das meine ich mit: Die Linke hat – in Teilen – den Gestaltungsanspruch aufgegeben. Sie hat versucht, sich marktkonform zu geben und damit auch ein paar Wahlen gewonnen. Das war also durchaus eine Zeit lang erfolgreich. Inzwischen müssen wir aber feststellen, dass das von weiten Kreisen der Wählerschaft als Verrat an Kernwerten wahrgenommen wurde und wird.

WOLFFSOHN: Das ist richtig. Aber sie haben andere Werte, andere Wählerschichten gewonnen, die sie sonst nicht gewonnen hätten.

BRÖNING: Die aber parteilich weniger stark gebunden sind und heute die einen, morgen die anderen wählen. Dafür haben wir Kernwähler verloren, die traditionell sehr zuverlässig waren.

BINGENER: *Ich würde gern noch einmal auf die Sorge über die Zukunft zurückkommen und fragen, ob man es da über die Einzelfragen wie Klimawandel, Euro, Migration hinaus mit einer neuen, grundsätzlichen Qualität zu tun hat: Früher bearbeiteten Gesellschaften die Zukunft mittels Gebeten, heute mit Prognosen. Große Rückversicherer beschäftigen ganze Abteilungen, die sich mit einer Berechnung der Zukunft befassen. Risiken und Gefahren stehen dabei im Zentrum der Betrachtung. Moderne Gesellschaften mit ihren langen Planungszeiträumen sind ständig mit Zukunftsszenarien befasst.*

WOLFFSOHN: Tagespolitisch sind Zukunftsprognosen und Risikoberechnungen absolut notwendig, und die Methoden, sie zu erstellen, werden dauernd an neue Erkenntnisse und Entwicklungen angepasst. Die Berechnungsmethoden haben sich technologisch sehr verändert. Aber den Versuch, in die Zukunft zu schauen, gab es immer. Das haben Menschen seit jeher versucht ...

BRÖNING: ... im Alten Testament werden die Kornvorräte für sieben Jahre vorausberechnet. Aber Prognosen sind immer schwierig, wenn sie die Zukunft betreffen.

WOLFFSOHN: Ja, bei Joseph in Ägypten hat das geklappt. Sehr oft hat man sich aber geirrt. Und auch für unsere hochtechnologischen Zukunftsberechnungen ist bislang noch nicht der Beweis erbracht worden, dass sie tatsächlich zutreffen. Vieles lässt sich eben nicht berechnen – weder das individuelle Leben noch gar ein größeres Kollektiv, weil die Einflussfaktoren nicht vorhersehbar sind. Der Versuch, die Schöpfung selbst in die Hand zu nehmen, ist ein alter Traum der Menschheit, der freilich oft in einem Albtraum endet. Hier bin ich ganz naiv-religiös und vertraue doch lieber dem Herrgott als uns Menschen.

Mir scheint überhaupt in der Analyse der gesellschaftlich-ökonomischen Veränderungen die Jetztperspektive viel zu stark zu dominieren. Es wird immer wieder auf die Veränderungen durch die sozialen Medien hingewiesen. In der Tat, das ist eine rasante Entwicklung. Wir haben 1:1-Zeiten, aber wenn wir uns historische Entwicklungen ansehen, so zeigt sich, dass die früher zwar langsamer vor sich gingen, aber den Dominoeffekt, der heute beklagt wird, gab es schon immer.

BRÖNING: Dennoch verschärfen die neuen Technologien das Problem entscheidend. Wir profitieren von ihnen, weil sie das Leben massiv vereinfachen. Gleichzeitig sehen wir aber immer mehr, mit welchen Kosten die technologische Entwicklung verbunden ist. Damit meine ich jetzt nicht nur die Bildung von Informations- und Kommunikationsblasen. Das ist sicher ein gewaltiges Problem. Auch dass unsere Aufmerksamkeitsspanne sinkt. Die menschliche Aufmerksamkeit, das Fokussierungsvermögen, ist in den vergangenen zehn Jahren messbar gesunken. Wir gehen mittlerweile mit einer kürzeren Aufmerksamkeitsspanne durchs Leben als Goldfische, hat kürzlich das Time Magazine berichtet.

Aber ich glaube, das größte Dilemma – politisch gesehen – ist, dass der Kampf der Linken traditionell ein Kampf gegen Ausbeutung gewesen ist. Das war schwer genug in Zeiten globalisierter Arbeitsmärkte. Aber jetzt, wo Technologie Arbeit zunehmend überflüssig machen könnte, wandelt sich der Kampf gegen Ausbeutung zum Kampf gegen die eigene Bedeutungslosigkeit. Das aber ist etwas fundamental anderes. Es ist ein Kampf gegen die Ersetzbarkeit von Menschen, die fürchten, dass sie ökonomisch nicht mehr gebraucht werden. Dieser Kampf ist sehr viel schwerer zu gewinnen. Denn politische Macht korreliert immer mit ökonomischer Nachfrage nach Arbeit. Es ist ja kein Zufall, dass beispielsweise das Frauenwahlrecht eingeführt wurde, als die Frauen als Arbeitskräfte benötigt wurden. Die größten Sorgen mache ich mir darüber, wie wir unsere Gesellschaft demokratisch organisieren wollen, wenn das Prinzip der amerikanischen Revolution »No Taxation without Representation« ausgehebelt ist, also: Wir zahlen und haben eine Stimme, wir werden gebraucht und haben Einfluss. Was wird aus einer Gesellschaft, die den Großteil ihrer Menschen nur noch als Konsumenten benötigt?

WOLFFSOHN: Aber das stimmt doch gar nicht, auch wenn es immer wieder behauptet wird! Da muss ich heftig widersprechen. Das Modell, von dem Sie ausgehen, ist die industrielle Gesellschaft, die Produktionsgesellschaft. Natürlich, für die reine Produktion brauchen wir immer weniger Menschen. Aber dafür benötigen wir in den alternden Gesellschaften Deutschlands und Westeuropas doch sehr viel mehr außerindustrielle Arbeitskräfte. Beispielsweise in den Pflegeberufen, der Kinderbetreuung und im Dienstleistungssektor. Niemand wird überflüssig. Gerade der menschliche Faktor jenseits des maschinellen Produzierens wird künftig eine viel größere Bedeutung haben. Das wird übrigens dazu führen – da funktionieren die Marktmechanismen –, dass diese Berufszweige, die bislang ökonomisch unterbewertet sind, aufgewertet werden. Wir werden weniger Menschen benötigen, die am Fließband stehen, aber mehr Menschen, die »Zuwendungsleistungen« erbringen. Das bedeutet doch Humanisierung. Ich sehe hier eine wirkliche Menschheitschance! Nur orientieren wir uns bislang in der Bewertung, auch in der ökonomischen Bewertung, noch immer an der industriell produzierenden Gesellschaft, hier wurde noch nicht umgeschaltet.

BRÖNING: Ich bin da skeptisch. Sie sind doch auch lieber Professor als Erbringer von »Zuwendungsleistungen« in der Pflege, nicht wahr? Mir geht das ähnlich. Die Attraktivität dieser Bereiche und deren humanisierende Wirkung wird meines Erachtens überschätzt. Digitalisierung dürfte vor keinem Bereich des Handelns haltmachen und schon gar nicht dort, wo teure menschliche Arbeitskraft ersetzt werden kann. Sie ist nur dann eine Chance, wenn es uns gelingt, die verbleibende Arbeit anders zu verteilen. Dafür braucht es politische Regelung und vor allem politischen Willen.

BINGENER: *Genau. Neben dieser Transformation gibt es – wir haben es schon angesprochen – noch eine ganze Reihe* *andere: Handel, Klima, Migration, Digitalisierung. Münden all diese Veränderungen zusammengenommen auch in eine Phase der politischen Transformation? Was tut man, wenn man merkt, dass sich diese Herausforderungen unter den bisherigen politischen Rahmenbedingungen nicht bearbeiten lassen?*

WOLFFSOHN: Wir brauchen neue Ordnungssysteme, erst einmal aber brauchen wir andere bzw. veränderte Parteien. Nehmen wir die Sozialdemokratie. Deren Tragödie nicht nur in Deutschland besteht doch darin, dass sie Opfer ihres eigenen Erfolgs wurde. Das Ziel der traditionellen Sozialdemokratie, die Verbesserung der Lebensbedingungen von weiten Kreisen der Gesellschaft, ist ja erfreulicherweise größtenteils erreicht. Die SPD müsste sich jetzt neu erfinden. Oder nehmen wir die Christdemokraten. Das »C« war früher ein wichtiger Bestandteil des Selbstverständnisses der Partei und ihrer Wähler. Wer kümmert sich heute noch darum? Die Grünen scheinen die einzige Partei zu sein, die in dauerndem Wandel begriffen ist. Die Grünen von heute sind eine ganz andere Partei als zur Zeit ihrer Gründung. Und die AfD überzuckert Vergangenheiten.

BINGENER: *Der Veränderungsdruck könnte doch über die etablierten Parteien in unserem etablierten Nationalstaat hinausreichen. Die Frage lautet, ob ein Nationalstaat wie Großbritannien, Deutschland oder Frankreich, ganz gleich, wer dort gerade regiert, überhaupt in der Lage ist, die anstehenden Herausforderungen auch nur ansatzweise zu lösen.*

BRÖNING: Wer denn sonst? Sie fragen, ob neue Ordnungssysteme entstehen. Nun, einerseits erleben wir gerade eine »Entwestlichung« der Welt. Die wirtschaftliche und kulturelle Bedeutung des Westens nimmt ab, andere globale Player steigen auf. Hier findet eine ungeheure Transformation statt, die hoffentlich friedlich verlaufen wird. Zugleich aber erleben wir eine doppelte Rückbesinnung auf traditionelle religiöse und kollektive Identitäten. Wir sehen das in Israel in der Diskussion über den jüdischen Staat. Wir sehen das im indischen Hindunationalismus, in China, aber auch in Japan unter Shinzo Abe. Offenbar scheint das Nationalgefühl in Zeiten des Wandels ein bestimmtes menschliches Bedürfnis nach einem kollektiven Wir zu bedienen, das Halt vermittelt. Auf einer anderen Seite finden Sie eine Bedeutungszunahme der Religion, nicht unbedingt in Deutschland, aber in vielen anderen Weltgegenden. Schauen Sie sich die Pfingstkirchen in Westafrika an oder den Islam in der Türkei. Schauen Sie sich an, wie in Brasilien der vergangene Wahlkampf auch mit vermeintlich christlicher Rhetorik geführt wurde. Es gibt also eine Art Rückbesinnung auf Religion und auf Gemeinschaft, auf ein Wir und auf den Begriff des Volkes. Ich denke schon, dass dies auch eine Reaktion ist auf die Verunsicherung, die damit zusammenhängt, dass man in einer schrumpfenden Welt Veränderungen stärker ausgesetzt ist und dass die Wahrnehmung von Fremdheit so viel intensiver geworden ist. Dadurch, dass wir alle immer die ganze Welt in unserer Hosentasche tragen, erfahren wir Stimuli, die heute viel diverser ausfallen als noch vor zehn Jahren oder vor zwanzig oder dreißig Jahren. Die Reaktion darauf ist zumindest in Teilen der Gesellschaften das Rückbesinnen auf das eigene, auf Gemeinschaft, auf Wir, auf Heimat.

BINGENER: *Richtig, es gibt diese Rückbesinnung, da muss man ja nur auf die Wahlergebnisse schauen. Aber die Frage lautet doch, ob das nicht eher einen Abwehrreflex darstellt, die notwendigen Antworten aber ganz andere wären.*

BRÖNING: Wie sollte denn die »notwendige Antwort« aussehen? Marktkonformeres Verhalten? Doch ernsthaft, ich halte Teile dieser Entwicklung nicht für per se illegitim. Nicht natürlich als chauvinistischen und ethnischen Nationalismus. Aber ein demokratisch legitimierter Nationalstaat, in dem Menschen das Gefühl haben, dass sie Gestalter ihres Schicksals sind und selbst entscheiden können, wie sie leben wollen, ist kein schädlicher Abwehrreflex, sondern eine zivilisatorische Errungenschaft. Überall da, wo Politik funktioniert, werden Sie feststellen, dass die Nationalstaaten es sind, die die Probleme am Ende angehen. Natürlich müssen diese Staaten dann auf globaler Ebene, beispielsweise im Zusammenhang der Vereinten Nationen oder auch in der EU, zusammenarbeiten. Die Tatsache, dass kein Staat globale Herausforderungen alleine bewältigen kann, sollte aber nicht zu dem Schluss verleiten, dass Nationalstaaten an sich als Ordnungsinstanz versagen. Ich sehe hier gar keinen Gegensatz.

BINGENER: *Wir sind gewohnt, gerade in Deutschland, große Volksparteien zu haben, die im Wesentlichen das Feld aufteilen. Jetzt verändert sich die Parteienlandschaft – beispielsweise durch das Entstehen politischer Bewegungen sowohl auf der rechten als auch auf der linken Seite. Wie sieht man das aus Sicht eines Mitarbeiters einer Parteistiftung, Herr Bröning?*

BRÖNING: Natürlich schon mit Sorge. Aber es geht nicht um das Schicksal einer Partei, sondern um das aller. Wir erleben ja einen Trend weg von den Massenorganisationen. In den Kirchen sind die Mitgliedszahlen seit Jahren rückläufig, bei den Gewerkschaften auch, eigentlich in jeder Art von organisiertem Kollektiv. Das Engagement in Vereinen ist rückläufig. Und vor allem dünnen die politischen Parteien aus. Hier wird das Problem politisch am wirkmächtigsten, weil die Parteien in ihrer Funktion ja viel wichtiger sind, als das im Grundgesetz beschrieben wird. Im Grundgesetz steht dazu nur ein Satz: »Die Parteien wirken bei der politischen Willensbildung mit.« Wir erleben allerdings derzeit, dass die Volksparteien dies immer weniger leisten, weil sie mit ihren politischen Angeboten offenbar die Menschen kaum noch erreichen. Meiner Ansicht nach hat das viel mit Individualisierung zu tun, die Menschen wollen heute ein für sie maßgeschneidertes Angebot – überall, aber eben auch in Politik. Wenn sie in ein Café gehen, bestellen sie einen Mocha Macchiato mit Sojamilch. Unsere Volksparteien haben aber immer nur Filterkaffee – und Kännchen nur am Platze. Das ist für viele Menschen kein besonders attraktives Angebot.

Ein derzeit beliebtes Erklärungsnarrativ ist ja, dass die Zeit der Parteien einfach vorbei und jetzt die Zeit der politischen Bewegungen angebrochen sei. Ich bin da ehrlich gesagt sehr skeptisch, weil ich glaube, dass Bewegungen eben nicht die Zukunft sind. Vielleicht ist sogar die Begeisterung über Bewegungen selbst eine Bewegung. Denn die Bewegungen erweisen sich ja zumeist als ziemlich fragil – man denke nur an Occupy Wall Street. Politische Parteien dagegen haben den Auftrag, einen dauerhaften und umfassenden Politikentwurf zu repräsentieren. Das klappt sicher auch nicht immer, aber zumindest ist das der Anspruch. Verschiedene gesellschaftliche Interessen müssen berücksichtigt werden. Das ist die Verhandlungsleistung, die politische Parteien erbringen. Bloße Bewegungen können das nicht, weil sie lediglich ein Ziel haben. Für dieses eine Ziel können sie erhebliche Mobilisierungsleistungen erbringen. Aber ihr Interesse ist nicht in erster Linie, kohärente Politik für die Gesellschaft zu entwerfen. Ihnen geht es vielmehr um Partikularinteressen, die – oft kurzfristig – erreicht werden sollen. Deswegen glaube ich, dass die Begeisterung für politische Bewegungen am Kern des Problems vorbeigeht.

WOLFFSOHN: Richtig, im Grunde genommen sind Bewegungen Eintagsfliegen. Etwas anderes in ihnen zu sehen, ist naiv. Bewegungen gehen Stimmungen nach, und Stimmungen wechseln. Was man für Politik braucht, für Steuerung überhaupt, ist ein stabiler Organisationsrahmen. Einer, der von Organisation viel verstand, war sicherlich Wladimir Iljitsch Lenin. Er hat die Organisation als Kern des Erfolges betrachtet, und seine Zeit gab ihm Recht. Ohne Organisation geht es einfach nicht und erst recht nicht in Massengesellschaften. Also kurzum, Bewegungen sind Begeisterungen, die eher ein Krisensymptom sind als die Lösung.

BINGENER: *Ich dachte mir, dass Sie beide freischwebenden Bewegungen wenig abgewinnen können. Aber es gibt unbestreitbar eine Pluralisierung in der Parteienlandschaft, gleichzeitig treten vermehrt außerparlamentarische Bewegungen auf, auch wenn sie zum Teil schnell wieder in der Versenkung verschwinden. Wie man dazu steht, ist die andere Frage, doch die etablierten Parteien müssen sich dazu verhalten. Mein Eindruck ist schon, dass die*

Parteien vielleicht doch ein Stück starr und selbstbezogen geworden sind und manchmal Mühe haben, die Interessen der auf Sie einwirkenden Verbände vom Volkswillen zu unterscheiden.

BRÖNING: Sicher werden politische Bewegungen Parteien nicht ersetzen können, aber möglicherweise geht es darum, dass sie als Transmissionsriemen fungieren. Sie artikulieren dieses oder jenes drängende Problem, und die Volksparteien greifen es auf und bringen es in die politische Debatte ein. Das ist traditionell die Aufgabe der Parteien. Ich fürchte allerdings, dass viele an dieser Aufgabe in den vergangenen Jahren gescheitert sind.

BINGENER: *Weil sie zu träge sind?*

BRÖNING: Weil sich ihre Mitgliederzahlen mehr als halbiert haben und die meisten nur noch ein bestimmtes gesellschaftliches Milieu erreichen. Dann steigt das Selbstreferentielle zwangsläufig, und politische Alternativimpulse können nicht wahrgenommen werden.

WOLFFSOHN: Die meisten Parteien sind nicht nur zu träge, sie haben eben ihre historischen Aufgaben erfüllt, ich sagte es schon. Bis jetzt ist es ihnen nicht gelungen, sich neu zu erfinden, sie laufen allen scheinbar gerade aktuellen Themen hinterher. Inzwischen sind die meisten Parteien wie Supermärkte: Die Qualität sinkt und die Vielfalt steigt. Die größeren Parteien müssen sich überlegen, welches wirklich ihre je spezifischen Aufgaben sind oder ob sie nicht neue organisatorische Rahmen schaffen sollten, wenn die Grenzen zwischen ihnen so fließend bleiben, wie sie es derzeit sind. Heute könnte ein Teil der Christdemokraten genauso gut bei den Grünen wie bei den Sozialdemokraten sein und umgekehrt. Damit entspricht der ideologische Rahmen dieser Parteien nicht mehr den Überzeugungen ihrer ursprünglichen Mitglieder und Wähler. Die Folge dessen ist, dass sich ein großer Teil der Mitglieder und Wähler umorientiert.

BRÖNING: Aber das ist doch grade die Folge der angenommenen Alternativlosigkeit. Ich bin anders als Sie nicht der Ansicht, Parteien hätten ihre Funktion erfüllt. Gerade linke Parteien können sich historisch grandiose Erfolge zugutehalten. Dass wir beispielsweise einen Sozialstaat haben, ist ein Ergebnis linker Politik, der kam ja nicht auf dem Silbertablett daher, sondern musste erstritten und erkämpft werden, angefangen bei Bismarck. Doch die Aufgabe ist nicht erledigt, weil wir eben nicht am Ende der Geschichte stehen. Ungleichheit wächst, die Zukunft der Arbeit ist unsicher. Bei diesen Themen sind sozialdemokratische bzw. Arbeitsparteien gefordert, weil sie mit einem Instrumentarium ausgestattet sind, das sie in die Lage versetzt, Lösungen anzubieten. Da werden wir schon noch gebraucht.

WOLFFSOHN: Entschuldigung, Herr Bröning, das mag vielleicht sein, aber dann dürfen sich die sozialdemokratischen und sozialistischen Parteien nicht mehr am exklusiven Modell der industriellen Gesellschaft orientieren, sondern müssen zunehmend die Diversifizierung der Dienstleistungen ins Auge fassen.

BRÖNING: Ich glaube, sie müssen beides tun.

2. Gesellschaftliche Spaltungen

BINGENER: *Der Soziologe Helmut Schelsky hat mit Blick auf Nachkriegsdeutschland einst von der »nivellierten Mittelschichtsgesellschaft« gesprochen. Seit einiger Zeit wird nun von einer aufgehenden Schere zwischen Arm und Reich gesprochen. Findet diese soziale Spaltung wirklich so stark statt wie behauptet, Herr Wolffsohn?*

WOLFFSOHN: Eine Spaltung gab es immer, es wird Sie nicht wundern, dass ich das sage. Ich finde das nicht dramatisch. Wichtig ist, dass sich der Großteil der Menschen ein gutes Leben leisten kann. Kein vernünftiger Mensch braucht eine Jacht in der Karibik, aber jeder braucht ein gesichertes Einkommen, mit dem er den Alltag einigermaßen nach seinen individuellen Vorstellungen von persönlichem Glück gestalten kann. Wenn das gesichert ist, halte ich es für völlig undramatisch, wenn ein kleiner Teil der Bevölkerung mehr hat, als er braucht.

BRÖNING: Ich finde die aktuelle Situation im Gegenteil schon dramatisch. Vielen Menschen geht es sehr gut, und wir brauchen sicher kein Einheitseinkommen. Doch ein gesichertes Auskommen wie von Ihnen geschildert, ist zunehmend selten. Aus dem Armutsbericht der Bundesregierung oder aus Studien des Deutschen Instituts für Wirtschaft (DIW) geht hervor, dass Ihr Modell, Herr Wolffsohn, leider nur noch teilweise funktioniert. Immer weniger Menschen können sich noch das Leben leisten, das sie individuell führen möchten. Ein Prozent der Bevölkerung besitzt ein Drittel des

Vermögens, während es auf der anderen Seite zwanzig Prozent atypisch Beschäftigte gibt, die eben nicht mehr in regulären Arbeitsverhältnissen abgesichert sind. Der Schuldenatlas verweist auf 6,8 Millionen Überschuldete. Diese Situation ist neu. Und sie ist ein Indikator dafür, dass die tragende Säule unserer Gesellschaft, nämlich die Mittelschicht, schrumpft. Die politische Polarisierung entspricht einer ökonomischen. Das aber hat durchaus mit einer ungebremsten ökonomischen Globalisierung zu tun und ist ein Trend, der in allen westlichen Industrieländern zu beobachten ist. Branko Milanović, einer der renommiertesten Ökonomen der Welt, ist mit dem Bild der Elefantenkurve berühmt geworden. An diesem Schaubild lässt sich ablesen, dass es die Mittelschichten in den entwickelten Staaten sind, die in ihrem sinkenden Realeinkommen den Preis für die Globalisierung bezahlt haben.

BINGENER: *Erläutern Sie uns diese Kurve bitte etwas näher.*

BRÖNING: Wenn man die Kurve aufzeichnet, entsteht eine Grafik, die wie ein Elefant mit Rüssel aussieht. Sie zeigt, dass die sehr Armen und die sehr Reichen profitiert haben. Im globalen Süden ist eine Mittelschicht entstanden – für sich genommen natürlich eine großartige Entwicklung. Auch sind die einkommensstärksten Schichten noch bei weitem wohlhabender geworden. Dafür hat die Mittelschicht – vor allem in den industrialisierten Staaten – deutlich verloren. Auf der Kurve ist das die Senke, von wo aus der Rüssel nach unten geht.

WOLFFSOHN: Die von Ihnen beschriebenen Entwicklungen sind alle richtig, nur stellt sich die Frage nach dem jeweiligen Maßstab. In unserer Gesellschaft gibt es eine große Mehrheit, die ihren Alltag relativ sorglos bewältigen kann in Bezug auf das Elementare. Das ist ein historischer Durchbruch. Alles andere, was nach oben geht, ist willkommen, aber im Grunde ein Verlangen auf hohem Niveau. Ich habe dagegen gar nichts, nur müssen wir uns dessen bewusst sein.

BINGENER: *Herr Bröning, führen Sie die soziale Spaltung auf die Globalisierung zurück, auf Steueroasen für Superreiche und Steuerwettbewerb um große Unternehmen?*

BRÖNING: Durchaus. Einerseits hat Herr Wolffsohn natürlich Recht: Die Welt ist heute ein viel wohlhabenderer Ort als vor dreihundert Jahren. Aber manchmal hilft die historische Perspektive nur bedingt weiter und tröstet nicht über die Schattenseiten der aktuellen Situation hinweg. Dabei gibt es sicher eine Vielzahl von Ursachen für die wachsende Wohlstandsschere. Da ist die neue globale Arbeitsteilung, die Vernichtung von Industriejobs durch die Digitalisierung und nicht zuletzt die Abkopplung der Finanzwirtschaft von der Realwirtschaft. Vor allem Letztere ist aber nicht nur einfach passiert, sondern hat viel mit dem Versagen von Eliten zu tun, die diese Abkopplung zugelassen haben. Der französische Ökonom Thomas Piketty hat das genauer untersucht. Er hat in seinem viel diskutierten Buch »Das Kapital im 21. Jahrhundert« eine berühmte Formel aufgestellt: Sobald die Kapitalrendite größer ist als das Wirtschaftswachstum, gibt es eine starke ökonomische Polarisierung. Das ist das, was wir in den vergangenen Jahren erlebt haben. Und ich präzisiere, Herr Wolffsohn, und pflichte Ihnen bei: Wir erleben nicht den totalen Kollaps der Mittelschicht. Aber was wir erleben, ist, dass die untere Mittelschicht den Preis bezahlt. Und das ist die Schicht, die wir, so glaube ich, auch als linke Parteien wieder stärker in den Blick nehmen müssen. Denn das sind nicht zuletzt die Wähler von Donald Trump, Marine Le Pen und Alexander Gauland.

WOLFFSOHN: Einverstanden, doch die untere Mittelschicht ist weniger durch die Globalisierung als durch die importierte Konkurrenz von billigen Arbeitskräften bedroht, also eher durch Migration.

BRÖNING: Das sehe ich als Aspekt der Globalisierung. Die ist ja kein rein ökonomisches Phänomen.

WOLFFSOHN: Diese Probleme haben weniger mit der Ökonomie zu tun als vielmehr mit politischen Instabilitäten. Es ist ja auffallend, dass gerade nicht die Unterschichten migrieren, sondern diejenigen, die sich beispielsweise Schlepper leisten können.

BINGENER: *Sie schneiden eine wichtige Frage an, auf die wir im nächsten Kapitel noch genauer zu sprechen kommen. Im Moment wollen wir bei der sozialen Frage innerhalb von Staaten bleiben. Als Beobachter habe ich den Eindruck, dass die Diskussion über die aufgehende Schere zwischen Arm und Reich zu stark an den Einkommen festgemacht wird und andere wichtige Faktoren wie Erbschaften zu wenig betrachtet werden. Denn das Vermögen wird heute vornehmlich innerhalb bestimmter Schichten und in ausgewählten Regionen vererbt. Schauen Sie sich den Unterschied zwischen dem Süden und*

Osten in Deutschland an. Oder sehen wir uns das veränderte Heiratsverhalten an: Früher galten die Ehe zwischen Arzt und Krankenschwester als der Klassiker, heute treffen Sie stattdessen häufig auf Ärzteehepaare. Man heiratet innerhalb einer Schicht, was ebenfalls zu einer Verfestigung von ökonomischen Verteilungsverhältnissen führt. Haben wir es also nicht nur mit einer Kapital-Arbeit-Frage im klassischen sozialistischen bzw. sozialdemokratischen Sinn zu tun, sondern auch mit einer kulturellen Frage?

BRÖNING: Das mag eine Rolle spielen. Und sicher: Erbschaften verfestigen soziale Ungleichheit. Noch schwerwiegender ist aber die Tatsache, dass die Umverteilungsmechanismen des Sozialstaates auf bestimmte Schichten fokussiert sind, und zwar stark auf die Mittelschicht. Faktisch haben wir es mit einer abgekoppelten Unterschicht zu tun, die von gesellschaftlicher Umverteilung sehr viel weniger profitiert. Zugespitzt gesagt: Unser System schützt den Facharbeiter, aber ändert nichts am Los der Hartz-IV-Empfängerin, die keine Aussicht mehr hat, in Lohn und Brot zu gelangen, oder des prekär Beschäftigten, der Pakete zustellt. Trotz bester Arbeitsmarktdaten existiert ein abgehängtes Prekariat, das kaum noch Lebenschancen hat. Die Abwesenheit von Chancen aber erscheint mir als noch viel größeres Problem als die ökonomische Ungleichheit, denn sie beinhaltet Zukunftsangst und Hoffnungslosigkeit.

BINGENER: *Aber ist das nicht Teil des Problems der Sozialdemokratie, dass sie diese Umverteilung noch sehr stark an den Lohnverhältnissen festmacht? Man könnte auch sagen: Viele Facharbeiter finanzieren zu einem sehr gro-*

ßen Anteil den Sozialstaat, eben qua ihrer Masse, und man nimmt eben nicht genug in den Blick, dass es daneben noch andere Mechanismen der Umverteilung gibt, Erbschaften, Heiratsverhalten und so weiter, die aber politisch überhaupt nicht bearbeitet werden?

BRÖNING: Ja, absolut. Die Linke Politik wäre gut beraten, diese Themen intensiver anzugehen und sich auch stärker mit der Erbschaftssteuer zu beschäftigen. Ich möchte sicher nicht Oma ihr klein Häuschen dem Fiskus zuschlagen. Aber wenn wir uns anschauen, wie ökonomische Ungleichheit vererbt wird, weil gewaltige Vermögen von einer Generation in die nächste weitergereicht werden, ohne dass da auch nur ein Mindestmaß an Umverteilung stattfindet, dann ist das auf jeden Fall ein Thema, mit dem sie sich befassen muss. Zumal die Anhäufung von privatem Reichtum auf der einen und die Explosion von öffentlichen Schulden auf der anderen Seite sich ja durchaus gegenseitig bedingen. Der ehemalige griechische Finanzminister Yanis Varoufakis mag als Nervensäge verschrien sein, aber er hat wiederholt und mit Recht auf diesen Umstand hingewiesen. Hier muss linke Politik eingreifen.

WOLFFSOHN: Das ist mir zu pauschal. Ich bin selbst Begünstigter einer sehr großen Erbschaft, was ein Familienunternehmen betrifft. Dieses Unternehmen konnte trotz hoher Steuern bewahrt werden. Privaterbschaft würde ich also unterscheiden von Unternehmenserbschaft. Daher ist Erbschaftssteuer nicht gleich Erbschaftssteuer, da muss man sehr genau hinsehen. Ja, die Ethik des Erbens ist problematisch, das ist völlig klar: Hier fällt jemandem etwas in den Schoß, wofür er gar nichts getan hat, außer in die »richtige Familie« geboren worden zu sein. Das ist problematisch. Auf der anderen Seite müssen wir die Natur des Menschen berücksichtigen: Eltern möchten ihren Kindern gerne etwas weitergeben. Das ist ein Leistungsanreiz, der jenseits des individuell Familiären ein gewaltiger Innovations- und Fortschrittsfaktor für die Gesellschaft ist. Daher muss man hier einen Mittelweg finden.

Aber um noch einmal auf das Problem der Binnenheiraten zu kommen: Aus historisch-soziologischer Schicht ist auch das nicht neu – nehmen Sie die Aristokratie, die klassischen Positionseliten.

BINGENER: *Im ganz großen historischen Maßstab ist das so, da gebe ich Ihnen völlig Recht. Aber gilt das auch für die jüngere bundesrepublikanische Geschichte? Im akademischen Milieu gibt es hohe Bildungserwartungen an den Partner, da hat sich durch die Frauenemanzipation schon sehr viel verschoben.*

BRÖNING: Viele Menschen binden sich ja gar nicht mehr. 41 Prozent der Haushalte in Deutschland sind Singlehaushalte. Natürlich ist es wunderbar, dass man sich seinen Lebenspartner aussuchen darf, egal welcher Konfession, egal welchen Geschlechts. Das ist richtig so, und ich will sicher niemanden in die Ehe zwingen. Aber die zu beobachtende Atomisierung der Gesellschaft, der Fokus auf den jeweils Einzelnen, das Fehlen von Gemeinschaftssinn, das Unbehagen, sich jenseits von identitätspolitischen Abgrenzungen und Menschheitsfantasien überhaupt als Teil einer Gemeinschaft zu empfinden und sich dazu zu bekennen, halte ich nicht gerade für Fortschritt. Das Leben als Ich-AG beziehungsweise als stetig neu und beliebig zu definierendes Ich-Projekt scheint mir jetzt nicht unbedingt als

Idealzustand. Beides steht der Solidarität entgegen. Ist es wirklich so verwunderlich, dass dieser Trend zur Vereinzelung eine Gegenreaktion erzeugt? Die Sehnsucht nach einem gemeinschaftlichen »Wir«?

BINGENER: *Unter anderem der AfD-Vorsitzende Alexander Gauland hat dazu in einem Beitrag in der FAZ neulich folgende Interpretation vertreten: Es gibt auf der einen Seite eine freischwebende globalistische Klasse, die sich unglaublich divers fühlt, aber sehr uniform auftritt. Diese Schicht lebt sozusagen zwischen Dönerladen, Sushi und kalifornischem Fusion Cooking und kann kraft ihres kulturellen und finanziellen Kapitals überall hinziehen und überall leben. Dagegen stehen dann diejenigen, die nicht wegziehen können – vom Sozialleistungsempfänger über den ortsgebundenen Angestellten bis zum kleinen Unternehmer. Teilen Sie diese Analyse? Nach Gauland ist das die zentrale soziokulturelle Kluft, an der entlang sich heute unsere Parteienlandschaft sortiert.*

BRÖNING: Die Diagnose ist schon richtig, aber sie stammt nicht von Herrn Gauland, sondern wird in der Sozialwissenschaft seit vielen Jahren als Kluft zwischen Kosmopoliten und Kommunitaristen beschrieben. Denken Sie an Wolfgang Merkel vom Wissenschaftszentrum in Berlin, an Mark Lilla oder an David Goodhart, der in Großbritannien einen Bestseller mit dem Titel »The Road to Somewhere« dazu vorgelegt hat. Er konstatiert darin einen Bruch zwischen den ortsverbunden »Somewheres« und den »Anywheres«, die die Vorteile der Globalisierung voll nutzen können, weil sie über hohes soziokulturelles Kapital verfügen. Diese Leute sprechen mehrere Sprachen, sind ortsungebunden, haben Fächer studiert, die auf dem weltweiten Markt nutzbar sind, und können überall die individuellen Chancen in Wert setzen, die damit einhergehen. Auf der anderen Seite stehen Menschen, die das nicht können oder wollen – diejenigen, die diese Fähigkeiten nicht haben, weniger profitieren und im Gegenteil oft die negativen Folgen tragen: In Form von Arbeitsmarktkonkurrenz, Verdrängung, gefühltem Statusverlust etc. Sicher verläuft diese Trennlinie auch durch viele Einzelmenschen, die sich irgendwo in beiden Idealtypen wiederfinden, aber die Unterscheidung an sich ist schon hilfreich. Hier zeichnet sich seit einiger Zeit eine neue gesellschaftliche Trennlinie ab, die sich auch im Parteiensystem abbildet. Politische Parteien richten sich an der Frage neu aus: Wie haltet ihr es mit der Globalisierung? Das ist gewissermaßen die neue Gretchenfrage. Die Grünen, die Merkel-Union und Teile der Sozialdemokraten präsentieren sich da sehr kosmopolitisch. »Für ein weltoffenes Land«, wie es so schön heißt. In der AfD tobt der Kampf zwischen ökonomischem Liberalismus und völkischer Globalisierungskritik, und in der Linken bemüht sich Sahra Wagenknecht um einen Kurswechsel in Sachen Migration. Kurz: Vieles ist in Bewegung. Um es mit einem Bild zu verdeutlichen: Es ist, als lägen die Parteien wie Eisenspäne auf einem Tisch mit Elektromagneten auf beiden Seiten, und jetzt schalten wir den Strom an. Deswegen ist es heute manchmal so schwierig zu sagen, wo man die Parteien ideologisch links und rechts verortet. Weil das nicht mehr die allein entscheidende Frage ist. Es geht eben zugleich um Offenheit und Geschlossenheit.

WOLFFSOHN: Ja gut. Aber selbst die Globetrotter kommen doch meistens irgendwann zurück, das sagen zumindest viele empirische Studien. Und ein Grund dafür hat mit dem Begriff der Nation zu tun. Wenn es überhaupt etwas Gemeinsames in einer Nation gibt, dann sind das die kommunikativen Bezugspunkte. Und die kommunikativen Bezugspunkte sind für jemanden, der aus Frankreich kommt, mit anderen Franzosen intensiver als sagen wir mal mit einem Eskimo oder einem Indianer. Das Gleiche gilt natürlich auch für Deutsche. Und noch etwas ist wichtig, das wir auch aus der Exilforschung kennen: Meine eigene Familie, deutsch-jüdisches Bürgertum, sprach immer schon mehr als eine Sprache, aber sie fühlten sich, wo auch immer sie im Exil waren – ob in Palästina, später Israel, Amerika oder der Schweiz –, letztlich doch als Deutsche. Also, die Sehnsucht nach dem Herkunftsort bzw. der »Heimat« ist stark. Die Lust am In-der-Welt-Umherziehen ist doch nur eine zeitweise, aber keine dauerhafte Realität.

BINGENER: *Was mich fasziniert hat, lieber Herr Wolffsohn, waren die Analysen in Ihrem Buch »Zum Weltfrieden. Ein politischer Entwurf«. Sie beschreiben die multiethnische Zusammensetzung der großen Städte und legen dar, dass man dort im Prinzip alles, was multiethnische Staaten zu zerreißen droht, im Kleinen, in Kilometerabstand sozusagen, nachgebildet findet. Als einen solchen Melting Pot könnte man heute ja bereits eine Stadt wie Mannheim verstehen. Stellt sich damit nicht auch hierzulande die Frage, wie auseinanderklaffende Lebenswirklichkeiten und vielleicht auch Kommunikationsgemeinschaften auf einem ganz engen Raum miteinander klarkommen?*

WOLFFSOHN: Richtig. Einerseits sind die Kosmopoliten überall in der Welt unterwegs, andererseits kommt die Welt zu uns. Das schafft dramatische Fundamentalspannungen, während der Deutsche, der in die USA, nach Frankreich oder wohin auch immer geht, kaum Spannungen schafft – weder bei den Aufnehmenden noch bei denjenigen, die zuziehen. Bei »kulturverträglichem« Fachkräfteaustausch gibt es nur die Ärgernisse des Alltags, aber keine Fundamentalspannungen – vor allem keine gewalttätigen. Und, wie ich schon sagte, zumeist kehren die gut ausgebildeten Globetrotter früher oder später in »ihr Land« zurück.

BRÖNING: Ich weiß nicht, ob die Globetrotter wegen »ihres Landes«, ihrer Nation zurückkommen. Aber ohne das Konzept der Nation wird es schwierig zu begründen, weshalb wir uns für entlegene Landesteile überhaupt interessieren sollten. Schneekatastrophe in Bayern? Hochwasser an der Oder? »Na und?«, könnte man sagen. »Ist doch weit weg.« Hier verhilft die Idee einer Nation, der man sich zugehörig fühlt, zu Solidarität mit ansonsten wildfremden Menschen. Klar ist aber auch, dass das nicht die einzige Quelle von Gemeinsinn sein kann oder soll. Interessengleichheit hilft sicher auch. Früher gab es die kommunistische Forderung »Proletarier aller Länder, vereinigt euch«. Daraus wurde nichts. Wer sich aber vereinigt hat, ist ...

WOLFFSOHN: ... die Bourgeoisie.

BRÖNING: Die Bourgeoisie auf globaler Ebene, ja. Und das geht einher mit einer gewissen Spaltung im eigenen Land. Gerade die größten Lobsänger einer grenzenlosen globalen Utopie schauen ja häufig penibel darauf, dass in ihren eigenen Wohnbezirken die Grenzen umso unnachgiebiger gezogen werden. Achten Sie einmal darauf, wie Eltern im Prenzlauer Berg darauf bedacht sind, dass ihre Kinder in die richtigen Einzugsschulgebiete kommen und dass sie in möglichst homogenen und bildungsbürgerlich dominierten Klassen lernen. Früher hat man in Berlin, Leipzig, Hamburg usw. die Höfe ganz bewusst so gebaut, dass im Vorderhaus die Bürger wohnten und die Offiziere, im ersten Hinterhaus das Kleinbürgertum und im zweiten Hinterhof ein Handwerksbetrieb angesiedelt war. Das hat eine Vermischung ermöglicht, die heute nicht mehr da ist. Das ist schade, weil Vielfalt wichtig ist. Es ist aber auch politisch brisant.

BINGENER: *Herr Wolffsohn, als Historiker haben Sie die wohltuende Eigenschaft, das Erregungslevel ein bisschen nach unten zu schrauben, denn mit vielen Problemen hatten unsere Vorfahren bei näherer Betrachtung auch schon zu kämpfen und sind darüber nicht ausgestorben. Dennoch: Stellt die gegenwärtige Form der Globalisierung nicht doch etwas dar, was es in dieser Ausprägung historisch noch nicht gab?*

WOLFFSOHN: Das ist so. Globalisierung im heutigen Ausmaß ist ein neues Phänomen der Geschichte. Andererseits ist sie doch nicht ganz neu. Weltgeografische, -demografische und -ökonomische Verflechtungen gab es in der Menschheitsgeschichte immer schon. Allerdings hat sich inzwischen die Kommunikationsgeschwindigkeit verändert – und auch die räumliche Ausbreitung seit 1492, seit der Entdeckung Amerikas. Wir neigen viel zu sehr dazu, die Geschichte mit uns selbst beginnen zu lassen. Das ist absurd und kenntnislos. Auch die Urbanisierung als globales Phänomen war welthistorisch etwas Neues, nicht aber urbane Hochkulturen – man denke an Alt-Mesopotamien, -Ägypten oder -China. Die verschiedenen Konflikte, die sich früher geografisch entzerrt haben, finden jetzt auf engem Raum und in großer Zahl statt. Das ist ein Riesenproblem, das u. a. die zunehmende Gewalttätigkeit erklärt, denn die unmittelbaren »feindlichen Nachbarn« leben jetzt sehr nahe beieinander.

BINGENER: *Wie schätzen Sie eigentlich die Entwicklung auf dem Land ein? Wir beobachten ja auch eine starke Abkopplung der ländlichen Regionen von der Entwicklung in den Ballungsräumen. Wie gefährlich ist die Kluft, die sich da auftut?*

WOLFFSOHN: Das Leben in ländlichen Strukturen war früher überschaubar und hatte seine Regulative. Die gehen langsam, aber sicher verloren, womit das Chaos strukturell wahrscheinlicher wird. Damit sind wir bei dem Problem der Zivilisierung bzw. Entzivilisierung der Gesellschaft, wieder unter einem anderen Aspekt. Diese Entwicklung wird zu zunehmender Gewalttätigkeit führen.

BRÖNING: Möglicherweise sollten wir auch den Blick schärfen für ein gewisses Maß von Rücksichtslosigkeit der sogenannten »Anywheres«. Diese fühlen sich ja oft moralisch unangreifbar. Doch manchmal hat man den Eindruck, sie praktizieren Weltoffenheit zwar gegenüber entlegener Exotik, aber weniger gegenüber der heimatlichen Provinz. Da gibt es schon so etwas wie den Egoismus der Optimisten. Dabei ist klar: Der Gegensatz Stadt Land ist so alt wie die Stadt selbst. Sie, lieber Herr Wolffsohn, haben diese Unterschiede als Historiker ja gerade bis zur griechischen Polis und darüber hinaus zurückverfolgt. Nur befinden wir uns heute vielleicht in einer Situation, in der die urbanisierte Elite den Eindruck hat, weniger politische Rücksicht auf das Land nehmen zu müssen, und ihre Interessen bisweilen durchaus unnachgiebig durchsetzt. Auch daraus erwächst die derzeitige politische Polarisierung.

Die amerikanische Brookings Institution hat im vergangenen Jahr eindringlich auf die ökonomische Kluft zwischen Stadt und Land hingewiesen. Die Forscher schauten sich an, wo nach einer Rezession in den USA das Wirtschaftswachstum neu einsetzt. Um das Jahr 1900 entstanden nach der Krise noch rund ein Drittel neuer Betriebe in eher bevölkerungsarmen Landkreisen von unter 100.000 Menschen. 2009 lag dieser Anteil bei null. Sprich: Dort hat die Rezession gewissermaßen nie aufgehört. Das Einzige, was heute dort wächst, ist der Drogenmissbrauch. Oder nehmen wir das Brexit-Votum. In London und anderen großen Städten gab es ein klares Votum für den Verbleib in der Europäischen Union, in der Provinz hingegen wurde das politische Gegenteil formuliert, getrieben von der Vorstellung »we need to take back control« – wir müssen die Kontrolle zurückerlangen, weil unsere Stimme nicht mehr gehört wird. Es geht darum, auch diese Spaltungen, diese Polarisierung, zu regulieren. Das läuft sonst aus dem Ruder.

WOLFFSOHN: Ja, weil die Regeln gebrochen wurden und der Ausgleich nicht mehr gelingt, was selbst schon ein Regelverlust ist. Auf dem Land ist alles natürlich viel überschaubarer, weil man sich wechselseitig sieht und kontrolliert, nicht im Sinne von tyrannischer Kontrolle, sondern eher als Korrektiv im Alltag. Das ist in einer Großstadt sehr viel schwieriger. Da haben Sie die Anonymität, die auch ein Vorteil sein kann. Doch die Anonymität der Großstadt bedeutet auch, dass jeder im wahrsten Sinne des Wortes machen kann, was er will. Und wenn jeder machen kann, was er will, haben wir Chaos und Gewalt. Das heißt also, das ländliche Leben ist immer, nicht nur in der Idylle der deutschen Romantik, ein friedlicheres Leben. Das ist etwas anderes als in städtischen Wohnanlagen, wo praktisch jeder Einzelne im anonymen Nichts untergeht. Ich bin aber überzeugt davon, dass der Urbanisierung im enthumanisierenden Sinne gegengesteuert werden kann. Das hat etwas zu tun mit Siedlungspolitik und damit, wie wir Häuser bauen, mit Architektur, mit der Planung des sozialen Umfeldes. Urbanisierung an sich ist nichts Negatives, doch die Gefahr des Kontrollverlusts ist größer.

BRÖNING: Hier müssen sich aber vor allem neoliberale Rechte den Vorwurf gefallen lassen, dass sie das vernachlässigt haben. Denn das Narrativ, dass wir einen schlanken Staat brauchen und man so viel wie möglich dem Markt überlässt, hat dazu geführt, dass das Landleben heute so massiv an Attraktivität verloren hat. Sicher, die Wirklichkeit auf dem Land war nie eine Schäferidylle. Doch Landleben heute heißt nicht Abwesenheit von Gewalt – die Sicherheit auf dem Land ist übrigens geringer als die in den Städten –, sondern in erster Linie: kein Krankenhaus, keine Schule, keine Polizei, keine Post, kein Supermarkt, keine Kulturangebote. Und dieses »Landleben« meint nicht nur Dörfer, sondern auch mittelgroße Städte. Eine Stadt wie Chemnitz hat nicht einmal eine ICE-Anbindung! Da juckeln Sie mit dem Regionalexpress stundenlang nach Berlin. Diese Dinge sind aber nicht einfach so geschehen, sondern da steckt Politik dahinter. Eine Politik, die staatliche Infrastruktur aus falschen Überzeugungen heraus kaputtgespart hat. Die Spaltung zwischen Stadt und Land ist nichts, was so passiert ist, sondern das ist politisch vorangetrieben und hingenommen worden. Deswegen können und müssen wir aber auch etwas dagegen tun.

BINGENER: *Wir leben jetzt seit etwa dreißig Jahren im wiedervereinten Deutschland. Zum Beispiel an den Wahlergebnissen sieht man, dass es zwischen Ost und West doch offenbar mehr Unterschiede gibt, als man glaubte. Auch im Umgang mit der Frage, was eigentlich ein »Volk« ausmacht, scheinen die Vorstellungen in Europa entlang des einstigen Eisernen Vorhanges deutlich auseinanderzuklaffen.*

WOLFFSOHN: Das ist eine uralte Kontinuität der deutschen Geschichte. Vereinfacht könnte man sagen: Die Elbe war schon immer, genauer seit ungefähr eintausend Jahren, eine Trennlinie: Die Kultivierung des Ostens ist bekanntlich vom Westen ausgegangen, und der Osten, insbesondere dessen nördlicher Teil, hatte immer den späteren Start. Nach dem Krieg war Ostdeutschland über vierzig Jahre lang abgehängt von der Entwicklung im Westen. Das durch entsprechende Adaptionsprozesse zu korrigieren, ist nicht leicht, erst recht nicht, wenn sich die Demografie zu Ungunsten des Ostens verändert. Hier hätte man gegensteuern können, wenn man mutig gewesen wäre und beispielsweise die Migrations- und Integrationspolitik mit einer Raumordnungspolitik verknüpft hätte. Es gab ja die Idee, Migranten in den weniger bevölkerten Regionen Deutschlands, sprich Ostdeutschlands, anzusiedeln, anstatt sie ungesteuert in die Großstädte ziehen zu lassen. Der ländliche Raum hätte viele Vorzüge für Migranten gehabt und sie hätten den Raum entwickeln können. Der Widerstand der einheimischen, örtlichen Bevölkerung wäre mangels Masse gesamtstaatlich relativ folgenlos geblieben. Wo wenige Menschen leben, können nur wenige Menschen aufeinanderstoßen.

BINGENER: *Mit Verlaub, aber ich könnte mir vorstellen, dass der vehemente Widerstand, den wir in Ostdeutschland gegen die Migrationspolitik spüren, dann ins Unermessliche gewachsen wäre. Wie sehen Sie das, Herr Bröning?*

BRÖNING: Von der Levante in die Lausitz – da bin ich skeptisch. Aber in der Tat: Ost-West-Unterschiede bestehen durchaus. Mein Lieblingscartoon aus der Zeit der Wendejahre ist ein zweispaltiges Bild: Auf der rechten Seite sitzt ein ostdeutscher Demonstrant und hält ein Schild hoch, auf dem steht »Wir sind ein Volk!«. Auf dem linken Bild ist ein Westdeutscher zu sehen, der ebenfalls ein Schild trägt. Auf seinem steht: »Wir auch.« Ich finde, dass das eine historische Kontinuität plakativ auf den Punkt bringt. Deutschland war schon immer vielschichtig. Und in den Wendejahren hat man die Schwierigkeiten, das wieder zusammenzubringen, sicher unterschätzt. Klar haben vierzig Jahre Sozialisierung Spuren hinterlassen. Das aber soll jetzt nicht überheblich klingen, im Sinne von: Die Ostdeutschen sind halt zu blöd, um Demokratie zu begreifen oder so. Sie haben immerhin eine autoritäre Regierung friedlich zu Fall gebracht. Es geht mir vielmehr darum, dass unser Land an dieser Achse gespalten ist, und es gibt noch viele andere Achsen. Auch die Nord-Süd-Spaltung würde ich nicht unterschätzen. Aber, dass gerade die Ost-West-Teilung nach wie vor ziemlich virulent ist, kann man an den Wahlergebnissen sehen.

Zunächst konnte sich die Linkspartei als ostdeutsche Identitätspartei präsentieren. In der Nachfolge kam die AfD, die in weiten Teilen Ostdeutschlands mittlerweile stärkste politische Kraft ist. Das ist ihr im Westen nirgendwo gelungen. Dort haben wir dafür das bislang fast rein westdeutsche Phänomen der Grünen. Denen gelingt es, sich mit einer Mischung aus Wohlstandssattheit, Naturromantik und Idealismus zu einer neuen Volkspartei zu entwickeln. Das ist ein westdeutsches Spezifikum – und eine deutsche Spaltung von vielen. Dabei ist den Grünen bezeichnenderweise nicht im Geringsten klar, dass sie mit dieser Mischung zweifellos die deutscheste aller deutschen Parteien darstellen.

BINGENER: *Lassen wir die Debatte über Deutschland erst einmal hinter uns und wenden wir uns den Spaltungen innerhalb Europas zu. Bei der Euro-Krise sehen wir eine Spaltung zwischen Nord- und Südeuropa. In der Migrationspolitik beobachten wir eine Spaltung zwischen West- und Osteuropa. Im Osten der EU finden sich überhaupt viele Probleme noch einmal zugespitzt, die man schon aus Ostdeutschland kennt. Dort gibt es eine massive Abwanderung. Sommer für Sommer findet eine europäische Familienzusammenführung via Autobahn statt, wenn die osteuropäischen Arbeitskräfte für kurze Zeit aus dem Westen in ihre Heimat zurückkehren. Da stellen sich doch auch humanitäre Fragen, wenn Kinder ohne ihre Mütter bei den Großeltern aufwachsen müssen.*

BRÖNING: Ja, in der Tat. Das ist die Kehrseite einer Politik, die aus dem vermeintlich alternativlosen Zwang zur »ever closer union« die falschen Schlüsse zieht. Das Ideal von Konvergenz, also dem Zusammenwachsen der europäischen Wirtschaft, die sich auf einem höheren Niveau dann irgendwo trifft, tritt augenscheinlich nicht ein. Im Gegenteil: Die Wirtschaften driften auseinander. Und eine der Hauptursachen dafür ist die Fehlkonstruktion der europäischen Einheitswährung. Ironischerweise hat diese ja Europa nicht vereint, sondern eher gespalten. Sie stellt gerade südeuropäische Staaten vor gravierende strukturelle Probleme, aus denen sie nicht so einfach herauskommen. Was wir eigentlich brauchen, ist der politische Mut, die strukturellen Fehler des Euro politisch zu bearbeiten. Ich habe dafür allerdings auch nicht die Kristallkugel, um sagen zu können, wir müssten nur XYZ machen und dann ist das Problem gelöst. Der Wirtschaftsnobelpreisträger Joseph Stiglitz hat Überlegungen angestellt, die in Richtung Süd-Euro und Nord-Euro gehen. Auch das wäre riskant, aber auf jeden Fall mutiger als eine alternativlose Politik des »weiter so«. Wir wissen ja, dass es langfristig so nicht weitergehen kann. Wir treten den Ball nur immer noch ein Stück den Weg hinunter und fordern alle Südeuropäer auf, jetzt mal ihre »europapolitischen Hausaufgaben« zu machen, und wissen doch gleichzeitig, dass es dafür keine parlamentarische Mehrheit in den südeuropäischen Staaten gibt. Das sehen wir ja gerade in Italien. Genauso wenig übrigens wie für eine Transferunion in Nordeuropa. Letztlich ist das eine Art »One size fits all«-Ansatz, der am Ende niemandem passt. Auch dem deutschen Sparer nicht.

Die derzeitige Euro-Politik ist gut für gewisse deutsche Unternehmen, die damit als Exporteure viel Geld verdienen. Aber den Preis dafür zahlt die Jugend, eine ganze Generation in Südeuropa, die keine Jobs hat und in Berlin in den Szenekneipen kellnert, aber keinerlei Aussicht hat, Familien zu gründen oder gar Wohneigentum zu erwerben. Das kann man mal drei Jahre machen, aber als Lebensentwurf für dreißig Prozent einer Generation ist das eine politische und moralische Katastrophe. Und uns fällt bisher keine Antwort darauf ein außer »weiter so«: mehr Austerität, reformiert euch, werdet wettbewerbsfähiger. Letztlich sind hier Länder zusammengezwungen, die nicht gut zusammenpassen. Finnland und Griechenland haben unterschiedliche volkswirtschaftliche Bedürfnisse, die mit ein und demselben Euro nicht wirklich gut zu bedienen sind.

BINGENER: *Ist es nicht sehr angenehm für uns, solche unwürdigen Arbeitssituationen zu ignorieren? Die Südeuropäer bringen uns den Kaffee an den Tisch, die Osteuropäer pflegen unsere Eltern und Großeltern und wir sind so taktvoll, darüber nicht groß zu reden.*

WOLFFSOHN: Um vergleichbare oder gleiche Lebensverhältnisse zu erreichen, bedarf es einer umfassenden wirtschaftlichen Transformation. Das erfordert einen mühsamen wirtschaftlichen Umbau, der meist länger dauert als ein Menschenleben. Das ist ein Problem. Denn die Menschen wollen nicht lange auf den Erfolg von Strukturreformen warten, damit es ihnen irgendwann einmal besser geht oder gar erst ihren Kindern, sondern die wandern dahin, wo der Tisch bereits gedeckt ist oder gedeckt zu sein scheint. Dass das langfristig auch keine Lösung ist, hat Herr Bröning überzeugend mit dem Kellner-Beispiel geschildert. Aber erst einmal ist das Kellnern in Berlin immer noch einträglicher als ein Job in Katowice oder noch weiter östlich in Europa. Wir haben hier zwei auseinanderlaufende Zeitperspektiven. Die eine ist die Zeitperspektive des individuellen Lebens und die andere ist die Zeitperspektive von volkswirtschaftlichen Strukturreformen. Ich sehe nicht, wie man beide harmonisieren könnte oder übereinbringen will. Das ist eine tragische Situation, die aber nicht nur für die Wanderungen aus Osteuropa nach Westeuropa konstatiert werden muss, sondern natürlich ebenso für die von der Südhalbkugel in die Nordhalbkugel.

Politisch lässt sich dieses Problem nur langfristig bearbeiten, die Lösungen liegen auf dem Tisch. Die Frage ist nur, ob sie den hier und heute lebenden Menschen noch helfen werden. Das halte ich für unrealistisch. Und weil das unrealistisch ist, gibt es eine Unzufriedenheit, die zur weiteren politischen Destabilisierung der Herkunftsländer wie der Zielländer beiträgt.

BRÖNING: Sicher lässt sich das nur langfristig bearbeiten. Aber gerade deshalb sollten wir möglichst zügig damit beginnen. Es gibt ja durchaus Bereiche, in denen deutsche Politik tätig werde könnte. Wie wäre es etwa damit, bei uns endlich das Lohn- und Gehaltsniveau anzuheben, damit wir vom Exportüberschuss wegkommen und hier die Binnennachfrage fördern? Das würde auch für manchen Südeuropäer das Leben erleichtern. Ergänzt werden sollte das durch grünes Licht für eine Investitionspolitik in Süd- und in Osteuropa. Dafür müsste man jedoch von dem Dogma abrücken, dass Verschuldung immer undenkbar ist. Wenn man es für völlig inakzeptabel hält, für den Infrastrukturausbau im südlichen Europa Schulden aufzunehmen, hat man sein politisches Pulver verschossen. Klar sind die Südeuropäer auch heute verschuldet, aber es kommt immer darauf an, wofür man Schulden verwendet. Gesundsparen funktioniert nicht. Mit einem klugen Politikmix werden wir das strukturelle Problem nicht morgen beheben, aber wenigstens eine Linderung erreichen.

WOLFFSOHN: Vielleicht ja, vielleicht nein. Die Schuldenpolitik funktioniert ja nur dann, wenn in den Schuldnerländern wirklich belastbare Strukturverbesserungen geschaffen werden. Die bisherigen Erfahrungen an diesem Punkt sind jedoch zwiespältig. Geld ist ja nur das eine, damit überwindet man noch lange nicht kulturelle oder auch religiöse Unterschiede.

BINGENER: *Das letzte Stichwort greife ich gerne auf: Lassen Sie uns über die religiöse Pluralisierung sprechen. Soweit ich das überblicke, ist der Verlust an metaphysischer Gewissheit vor allem in den westlichen und nördlichen Ländern Europas historisch etwas Einzigartiges.*

WOLFFSOHN: Der Zerfall religiöser Gewissheit hat vor rund zweihundert Jahren begonnen und erzeugt gewaltige Verunsicherung. Denn auf der einen Seite haben wir die Emanzipation des »Ichs« und des »Wirs« vom vermeintlich Göttlichen. Auf der anderen Seite steht das Zurückgeworfenwerden auf das »Ich«, welches sehr unvollkommen ist. Daraus entsteht Verunsicherung. Verunsicherung aber ist das definitorische und inhaltliche Gegenstück zu Stabilität. Das ist die Situation eines breiten Teils der alteingesessenen deutschen Bevölkerung. Gleichzeitig gibt es inzwischen eine neue wachsende Bevölkerungsgruppe, die weithin noch ganz selbstverständlich von religiösen Gewissheiten geprägt ist – die Muslime. Und viele Muslime werden immer religiöser, weil sie sich ausgegrenzt fühlen. Religion ist dann die einzige Sicherheit, die sie haben. Damit jedoch wird die Ausgrenzung zur Selbstabgrenzung und die Kluft immer tiefer. Als Heilmittel verkauft man den interreligiösen Dialog. Aber wie sollen religiöse Analphabeten mit religiös Überzeugten kommunizieren? Das ist der Dialog der Taubstummen.

BRÖNING: Ich habe mit Säkularisierung und metaphysischem Zweifel kein Problem. Im Gegenteil. Ein christlicher Staat ist für mich ungefähr so demokratisch wie der Vatikan, nämlich gar nicht. Und mehr Skepsis gegenüber vermeintlichen religiösen Gewissheiten halte ich für Fortschritt. Nur kommt es eben darauf an, durch was die religiöse Überzeugung ersetzt wird. Mit einem Evangelium der reinen Profitmaximierung und des Egoismus habe ich jedenfalls meine Schwierigkeiten. Aber wir erleben ja nicht nur Säkularisierung, sondern parallel auch eine deutliche Wiederkehr des Religiösen und zwar weltweit. Bezeichnend scheint mir daher, dass die Säkularisierung in verschiedenen Gesellschaftsgruppen nicht gleichmäßig erfolgt. Zumindest organisierte Religiosität ist ja in Deutschland zunehmend ein Schichtphänomen. Laut Bundestagsverwaltung sitzen im aktuellen Bundestag drei Atheisten und 23 Konfessionslose – bei 630 Abgeordneten. In der Gesamtbevölkerung sind laut deutscher Bischofskonferenz aber fast vierzig Prozent der Bundesbürger konfessionslos. Hier tut sich also ein ziemlicher Graben zwischen Politik und Bevölkerung auf. Und gerade die Bundespolitik der Kanzlerin hat sich in den vergangenen Jahren ja nicht gerade durch Abstinenz von reichlich grundsätzlichen moralischen Ansprüchen ausgezeichnet – was nicht nur als positiv verbucht werden sollte. Ich ziehe hier ganz klar die Verantwortungsethik der Gesinnungsethik vor – und zwar gerade als Linker. Allerdings zeigt dieses statistische Ungleichgewicht, das sowohl für Europa als auch für Nordamerika zu konstatieren ist, auch, dass Christen sich stärker an der

Gestaltung des »Wir«, also der »Gesellschaft«, beteiligen als die Durchschnittsgesellschaft.

Wenn Sie mich generell auf die Linke und ihr Verhältnis zur Religion ansprechen, möchte ich Folgendes sagen: Natürlich war das Verhältnis der Linken zur Religion historisch gesehen spannungsgeladen – wie hätte das auch anders sein sollen? Aber inzwischen bemerke ich mit einer gewissen Verwunderung, dass in Bezug auf religiöse Minderheiten in Deutschland – und ich nenne das Kind beim Namen und verweise hier vor allem auf die muslimische Glaubensgemeinschaft in Deutschland – das traditionelle Element der Religionsskepsis nicht in dem Maße gepflegt wird, wie wir das den angestammten christlichen Konfessionen gegenüber praktiziert haben. Der Grund dafür ist: Man möchte jedem Rassismus vorbeugen. Gut so! Doch schwierig wird diese Umsicht, wenn dafür auf grundsätzliche Skepsis verzichtet wird. Die Linke ist keine transzendentale Bewegung, sondern will Verbesserung im Hier und Jetzt. Ich halte es deshalb für eine Schwachstelle mancher Linker, wenn sie in dem Bemühen, sich weltoffen und tolerant zu zeigen, Grundwerte relativieren. Ich möchte zum Beispiel keinen Kompromiss schließen, wenn es um die Gleichberechtigung von Frauen und Männern geht. Ich möchte keinen Kompromiss schließen, wenn es darum geht, ob Mädchen an die Hochschule gehen dürfen oder ins Schwimmbad. Ich möchte keinen Kompromiss schließen, wenn es um das Existenzrecht Israels geht. Hier müssen wir schon darauf achten, bei allem Bemühen, niemanden auszugrenzen, grundlegende Werte nicht zu vernachlässigen und dabei progressive Stimmen innerhalb der muslimischen Gemeinschaften alleine zu lassen.

BINGENER: *Es gibt einen Verlust an religiöser Bindung auf allen Ebenen – institutionell und individuell. Sehen Sie das als positiven Prozess, weil das Einheitspotenzial der Gesellschaft durch einen säkularen Konsens vielleicht größer ist? Oder stellen die religiös Motivierten vielleicht doch eine große gesellschaftliche Ressource dar – wie wir es bei den vielen Helfern während der Flüchtlingskrise erlebt haben?*

BRÖNING: Natürlich ist das religiöse Engagement eine wichtige Ressource. Aber für mich belegt das eher den Trend zur Polarisierung. Wir erleben Säkularisierung und eine Wiederkehr des Religiösen parallel zur Individualisierung. Bei allem Respekt für Individualität sehe ich dabei ein umfassendes Abwenden von Gemeinschaft hin zu einer gesellschaftlichen Vereinzelung erst einmal kritisch. Hannah Arendt beschreibt in »Elemente und Ursprünge totaler Herrschaft« den Zustand der »Verlassenheit« als eine Lebenssicht, in der das Gefühl für das Gemeinsame völlig verloren gegangen ist. Ein solches Individuum ist dann zu allem bereit. Die aktuelle Entwicklung verläuft ambivalent. Wir erleben ja eine Art Entmachtung der traditionellen Mediatoren. Der einzelne Verlassene kann mit dem anderen Einzelnen auf modernen Kommunikationswegen kommunizieren. Die Rolle der etablierten Mittlerinstitutionen wie politische Parteien, Gewerkschaften, Kirchen, Medien wird infrage gestellt. Das empfinde ich als zwiespältig, weil dies einerseits weniger Gemeinschaftsbindung bedeutet, andererseits aber auch ein Zeichen dafür ist, dass der Einzelne sich zutraut, die Richtungsweisung der Mediatoren nicht mehr zu benötigen. Wenn man sich anschaut, wie Leute vor einhundert Jahren gewählt haben! Da hat der Pastor von der

Kanzel verkündet, dass das Kreuz bitte dort gemacht wird, und die Gewerkschaftschefs haben erklärt, dass aber am kommenden Sonntag das Kreuzchen hier gemacht wird. Davon wegzukommen und sich als autonomes Individuum frei entscheiden zu können, wie man seine politische Präferenz ausdrückt, hat auch etwas Emanzipatorisches. Nur darf dabei die Idee des »Wir« nicht aus dem Blick geraten, womit wir wieder beim Thema »Nation« wären.

BINGENER: *Herr Wolffsohn, die Ansiedlung von Muslimen in Deutschland stellt auch unser gewohntes Staatskirchenrecht infrage. Schon bei diesem Begriff muss man ja über Veränderungen nachdenken. Aber auch inhaltlich ist das deutsche Religionsverfassungsrecht vor allem auf die Kirchen und mit Abstrichen auf die jüdischen Gemeinden abgestimmt. Glauben Sie, dass es realistisch und wünschenswert ist, Muslime in diesen Rechtsrahmen zu integrieren, oder muss man realistischerweise auch über eine Änderung nachdenken?*

WOLFFSOHN: Die Religionsfreiheit ist gewährleistet durch die bestehenden rechtlichen Rahmenbedingungen. Es geht wieder um die Grundsatzfrage nach dem Regulativ. Wenn wir viele gleichgewichtige Regulative haben, ist keines mehr verbindlich. Aber ein verbindliches Regulativ brauchen wir. Das verbindliche Regulativ in Bezug auf Kirche und Religion in unserer Gesellschaft ist vorhanden, und zwar für beide Seiten in einer pazifierenden Weise. Das muss durchgesetzt werden. Die Migranten, egal ob Muslime, Buddhisten, Juden oder wer auch immer, die zu uns kommen, sind aufgerufen, unsere Hausordnung zu akzeptieren. Sie können ihre Wohnungen individuell einrichten, aber die Hausordnung gilt, und diese Hausordnung hat sich für den inneren Frieden bewährt. Deswegen ist selbstverständlich eine Art Staatskirchenrecht in variierter Form auch auf Muslime anzuwenden. In Blick auf die jüdische Gemeinschaft hat das vergleichsweise mühelos funktioniert, obwohl die auch keine »Zentrale« hat, mit der man kommunizieren kann. Auch die Definition des Religiösen ist im Staatskirchenrecht aus jüdischer Perspektive absurd: Sie können aus der jüdischen Gemeinde nur im administrativen, steuerrechtlichen Sinne austreten, nicht aber im religiösen Sinne. Auch Muslim bleibt man, egal, ob man sich als religiös betrachtet oder nicht.

BINGENER: *Bei der Integration des Islam in das deutsche Religionsverfassungsrecht stellt sich insbesondere die Frage, ob die Islamverbände sich wie die Kirchen mitgliedschaftlich organisieren oder nicht. Die Verbände erkennen darin offenbar das Risiko, dass sich viel weniger Menschen zu ihnen bekennen, als sie derzeit behaupten, und sagen nun, eine solche Struktur sei unislamisch. Kann der Staat das akzeptieren oder muss er eine Kooperation nicht doch an den staatlichen Zählappell knüpfen, weil dieser langfristig auch die Voraussetzung einer »Moscheesteuer« analog zur Kirchensteuer ist?*

WOLFFSOHN: In Deutschland gelten diese Bestimmungen, und sie schränken das individuelle und gemeinschaftliche Leben im Prinzip überhaupt nicht ein. Ich kann sehr wohl die Halacha, also das jüdische Gesetz, einhalten und mich gleichzeitig an die staatliche Ordnung halten, das ist überhaupt kein Problem. Gesellschaftliches Miteinander heißt eben auch, das »Wir« im Auge zu haben, nicht nur das »Ich« oder die einzelne Gruppe. Das ist der minimale Preis, der erbracht werden muss.

Das heißt jedoch nicht, dass deutsches Recht im zweiseitigen Verhältnis nicht zu gelten habe. Egal, ob es sich um Muslime, Juden oder Marsmenschen handelt, im einseitigen Binnenraum kann Binnenrecht gelten, nicht aber im zweiseitigen, weil sonst ein Staat im Staate entstünde. Das wäre nicht hinnehmbar und würde durch Dysfunktionalität den inneren Frieden gefährden.

3. Epochenfrage Migration

BINGENER: *Welche Zeitung man aufschlägt, welchen Sender man einschaltet, überall wird über den sogenannten Populismus geklagt. Ist aus Ihrer Sicht die Flüchtlingskrise der eigentliche Ausgangspunkt dieser Strömung? Ist Migration das Phänomen, an das Populisten in aller Welt erfolgreich anknüpfen?*

WOLFFSOHN: Für »alle Welt« kann ich nicht antworten, aber fangen wir mit Deutschland an. Der Ursprung der AfD liegt in erster Linie zunächst in der Europakritik und in zweiter Linie in der Eurokritik. Migration war da noch nicht das alles beherrschende Thema. Das hat sich aber zwischenzeitlich geändert. In Frankreich kommt der Migration eindeutig eine Schlüsselrolle zu, die französische Gesellschaft ist früher und stärker »islamisiert« worden, was zum einen mit der Entkolonialisierung zusammenhängt und zum anderen mit dem Faktor, der überall in der Migration eine Rolle spielt: der wirtschaftlichen Anziehungskraft.

Allerdings halte ich den Begriff »Populist«, wenngleich er heute üblich ist, für völlig verfehlt. Von der Begrifflichkeit her ist zwischen Demokraten und Populisten überhaupt gar kein Gegensatz. Das Wort »Demokrat« ist griechischen Ursprungs und »Populist« lateinischen. Der Inhalt ist identisch, denn er besagt, die Mitte ist das Volk. Und jenseits der Philologie halte ich diesen Begriff für eine Bankrotterklärung der Eliten, der anzeigt, dass sie sich im »Volk« kein Gehör mehr verschaffen können. Daher sollte man ihn eigentlich vermeiden. Aber zurück zum Ausgangspunkt: Die Migration hat zu einer gesellschaftlich-demografischen Revolution geführt, und Revolutionen sind in der Regel gewalttätig. Und wir sind noch lange nicht am Ende dieser Entwicklung angelangt.

BRÖNING: Da möchte ich Ihnen beipflichten: Der Begriff des Populisten erinnert in seiner Beliebigkeit an den des Terroristen und des Widerstandskämpfers. Die Definition liegt weitgehend beim Betrachter. Doch zurück zur Frage: Ganz sicher wird die aktuelle sogenannte populistische Revolte massiv vom Unbehagen an Migration befeuert. Wir leben in einem Zeitalter, in dem Migration gerade für westliche Staaten sichtbarer wird. Der 2017er International Migration Report der Vereinten Nationen zeigt, dass heute 3,4 Prozent der Weltbevölkerung internationale Migranten sind. Im Jahr 2000 waren es erst 2,8 Prozent. Der Anteil nimmt also eindeutig zu. Gerade für Menschen in wohlhabenden Staaten wird das spürbar, sie nehmen heute 14 Prozent der Migranten auf, vor zehn Jahren waren es neun. Migration wirkt dabei ambivalent. Sie ist sowohl von Vor- als auch von Nachteil und zwar für Aufnehmende und Entsendestaaten. Für entwickelte industrialisierte Wohlfahrtsstaaten aber ist die Bilanz besonders durchwachsen. Sozialstaaten benötigen ein gewisses Vertrauensniveau und soziale Kohärenz, um Umverteilung einfordern und organisieren zu können – ungeregelte Migration lässt sich damit nicht in Deckung bringen. Deswegen ist Migration gerade für die politische Linke eine Herausforderung. Sie muss versuchen, den Spagat hinzubekommen zwischen nationaler und internationaler Solidarität. Beides ist entscheidend und es ist reichlich schwer, da einen Mittelweg zu finden und beides miteinander zu vereinen. Vielleicht aber ist deshalb gerade die Linke an dieser Stelle besonders gefordert, um eine verantwortungsbewusste Politik zu formulieren. Das ist nicht zuletzt wichtig, weil Migration auch für den globalen Süden ein massives Problem darstellt. Und da meine ich jetzt nicht in erster Linie den so oft zitierten Braindrain. Natürlich ist es zunächst mal ökonomisch problematisch, dass wir die ausgebildeten Ärzte aus dem globalen Süden quasi auffordern, ihr Glück in Europa zu versuchen.

Der Migrationsforscher Paul Collier von der Universität Oxford hat kürzlich darauf hingewiesen, dass es mittlerweile mehr sudanesische Ärzte in London gibt als im Sudan – ein ziemlicher Skandal. Ich denke aber auch an die politischen Konsequenzen – an einen politischen Braindrain, der bislang weitgehend unbeachtet geblieben ist. In dem fließt nicht ökonomische Kompetenz, sondern politisches Reformpotenzial aus Staaten ab, die eine demokratische Entwicklung dringend nötig haben. Auch wenn man in gewisser Weise Äpfel mit Birnen vergleicht, muss man sich nur einmal vorstellen, was gewesen wäre, wenn die DDR 1979, als die Jugendspiele der FDJ in Berlin durchgeführt wurden, die Grenzen für junge Leute geöffnet hätte. Was hätte das für eine Auswirkung auf die gesellschaftliche Entwicklung in Ostdeutschland gehabt? Mit einiger Wahrscheinlichkeit hätte man zehn Jahre später keine demokratische Revolution erlebt. Ich glaube, wir haben noch nicht wirklich verstanden, dass mit dem ökonomischen Potenzial auf Entwicklung auch das politische Potenzial auf Entwicklung abfließt. Möglicherweise erleben wir deshalb gerade das Ende von Revolutionen sowie in der Folge ein autoritäres Erstarken in den Entsendeländern – und als Backlash in den Empfängerstaaten.

WOLFFSOHN: Wenn wir uns aber auf die Perspektive von Deutschland und Europa konzentrieren, müssen wir nach den Konsequenzen für den Nationalstaat fragen. Klar ist dabei, dass die immer schon fiktive Einheit von Nation und Staat durch Migration noch einmal – nun ganz grundsätzlich – infrage gestellt wird. Das ist für die Vereinigten Staaten bis vor kurzem kein großes Problem gewesen, weil diese Fiktion niemals Teil des Selbstverständnisses war. Die Vereinigten Staaten haben sich immer als die Addition verschiedener Migrationen verstanden. Während die kontinental-europäische wie die britische Vorstellung fiktional auf der Identität von Staat und Staatsvolk, also dem Nationalstaat, basierte. Die jeweilige Nation hat ihren eigenen Staat. Verstanden wird eine Nation dabei als ethnisches, sprachliches, religiöses bzw. allgemein kulturelles Gebilde. Das ist jetzt durch die Migration völlig auf den Kopf gestellt. Das kann einem gefallen oder nicht, die Entwicklung führt aber den traditionellen Nationalstaat ad absurdum.

BINGENER: *In den tagespolitischen Debatten werden solche grundsätzlichen Fragen nur selten angesprochen. Die Frage ist, ob sie nicht dennoch wichtig für Wahlentscheidungen sind. Bei der Wahl von Donald Trump hatte man den Eindruck, dass neben allen ökonomischen Gründen unausgesprochen auch eine Rolle spielte, dass Teile der weißen Wählerschaft in Trump die letzte Chance erkannten, ihre Dominanz insbesondere gegenüber der wachsenden Gruppe der Latinos zu behaupten.*

WOLFFSOHN: Das ist völlig richtig, aber die weiße Oberschicht, nicht im normativen, sondern eher im ökonomischen Sinne, hat diese Probleme nicht, aus ihrem

Lager stammen die Gegner von Trump. Das gilt auch für die Mehrheit der jüdischen Bevölkerung, die immer schon für Migration offen war. Kurzum, es ist die letzte Chance der weißen Unterschicht. Und hier gibt es eben auch Parallelen zur europäischen und deutschen Entwicklung. Die »Biodeutschen« und »Bioeuropäer« der Unterschichten, wenn man sie so nennen will, fühlen sich viel eher durch Migration gefährdet als die gebildeten ökonomischen Oberschichten.

BINGENER: *Trump und auch die AfD finden aber nachgewiesenermaßen auch viele Anhänger in der Mittelschicht. Und der Vollständigkeit halber sei hinzugefügt, dass sich auch Beispiele von Anhängern aus der Oberschicht nennen ließen. Könnte der Grund hierfür darin liegen, dass Einwanderung nicht nur ökonomisch, sondern auch kulturell als, sagen wir, herausfordernd wahrgenommen wird?*

BRÖNING: Natürlich. Und diese breiten Schichten werfen der globalisierten Oberschicht ihr Verhalten als unsolidarisch vor. Daher das Eliten-Bashing. Nur so ist auch die Untersuchung der Friedrich-Ebert-Stiftung verständlich, in der wir vergangene Wahlen in Europa analysiert haben. Das Ergebnis war: In zehn von zwölf Wahlentscheidungen in Europa war das Thema Migration entscheidend. Auch für den Brexit war das die alles bestimmende Frage. Und das wirkungsmächtigste Versprechen von Donald Trump in seiner Wahlkampagne war bekanntlich die »schöne große Mauer« an der Grenze zu Mexiko.

Für die überwiegende Mehrheit der Bürger ist der Umgang mit Migration also die zentrale Frage. Das ist gerade für manche Progressive etwas schwierig, weil wir eigentlich gerne über andere Dinge reden möchten – über Ungleichheit und Umverteilung. Jetzt müssen wir mit unserer Fußballmannschaft Basketball spielen, um das mal so zu formulieren. Wir müssen irgendwie mit diesem sperrigen Thema umgehen, das uns eigentlich nicht besonders liegt. Wir müssen über Identität sprechen, darüber, wer der andere ist und wer wir sind. Das ist weit schwieriger, als sich darüber zu verständigen, ob man den Mindestlohn jetzt um einen Euro raufsetzt oder um zwei. Deshalb auch die manchmal so hilflos wirkenden Appelle mancher Progressiver in Europa, nun doch endlich wieder über die Dinge zu reden, die den Menschen eigentlich auf den Nägeln brennen, wie man dann so sagt. Das ist einerseits verständlich. Doch politische Parteien können die Themenkonjunktur nur bedingt beeinflussen, und Migration ist einfach eine der zentralen Fragen, auf die wir in Zeiten massenhafter Bevölkerungsbewegungen reagieren müssen. Gerade aufgeklärte politische Kräfte tun sich deshalb keinen Gefallen damit, wenn sie sich vor unbequemen Wahrheiten drücken. Die Position »offene Grenzen«, wie sie derzeit von manchen besonders progressiven Demokraten in den USA vertreten wird, kann jedenfalls keine sozialdemokratische Position sein – und ist es ja auch nicht. Zumal wenn man sie im gleichen Atemzug mit sozialpolitischen Forderungen erhebt. Ein Sozialstaat kann ohne Grenzen nicht funktionieren. Das bedeutet nicht, dass Migration für eine Gesellschaft nicht auch wichtige Beiträge leisten und sie voranbringen kann – natürlich kann sie das. Aber dem Ja zu Migration muss das Ja zur Begrenzung von Migration korrespondieren. Darauf aufbauend können wir dann auch humanitär großzügig sein.

WOLFFSOHN: Gut, dem stimme ich zu. Aber das Problem des Rechtsextremismus ist wahrlich nicht nur ein soziales, es ist auch ein ideologisches. Und zwar nicht nur bei gewalttätigen Schlägern, sondern auch bei Teilen der Mittel- und Oberschichten – den sogenannten Salonrechten. Deren abstruse Gedankengebäude kennen wir aus der Geschichte des Antisemitismus. Auch da waren die Überfremdungsängste von Ärzten, Rechtsanwälten, Professoren usw. stark. Diese Leute haben zunächst nicht NSDAP gewählt und sich auch nicht als Mörder und Totschläger hervorgetan, aber sie haben die ideologische Infrastruktur gestellt. Hier haben wir es mit den Überfremdungsängsten derer zu tun, die zwar zur Mittel- und Oberschicht gehören, aber innerhalb der Mittel- und Oberschicht eine Konkurrenz von noch Besseren fürchten. Auch wenn die von den derzeitigen Zuwanderern einstweilen nicht zu erwarten ist, bleibt doch das traditionell dünkelhafte Vorurteilsverhalten gegenüber Neuankömmlingen das gleiche. Man schottet sich ab. Dafür gibt es das klassische Beispiel aus der Zeit vor den Großraumwagen: Wenn zwei Leute im Abteil saßen und es kam ein Dritter hinzu, dann war der der Fremdling, von dem man sich abgrenzte.

BINGENER: *In der Berichterstattung liest man in diesem Zusammenhang oft, man »müsse die Sorgen und Ängste der Bürger ernst nehmen«. Ist das ein treffender Ansatz oder verharmlost er, dass die Probleme real sind und nicht bloß subjektiv empfunden?*

WOLFFSOHN: Das ist Gequatsche. Das Phänomen ist da, die Ängste sind vorhanden – Überfremdungsängste. Angst ist ein Urverhalten von Säugetieren. Säugetiere sind territoriale Wesen. Werden durch Exkremente markierte Territorien von anderen, auch Artgenossen, verletzt, dann beginnt bereits der Kampf. So haben wir Menschen bis zu den Vorgärten hin dieses Verhalten der Territorialität evolutionsmäßig eingeübt. Ob wir wollen oder nicht, das ist unser biologisches Erbe. Man sollte da mit den Kräften des Verstandes, sofern vorhanden, gegensteuern. Emotional kann man gegen diesen Urinstinkt nichts ausrichten, man kann ihn nur rational bekämpfen.

BRÖNING: Ich halte das nicht für Gequatsche. Denn sicher ist das Ernstnehmen von Ängsten besser als das Verächtlichmachen von Wählersorgen. Aber letztlich schwingt in beidem eine gehörige Portion Paternalismus mit. Das Problem ist doch eher, dass das von Herrn Wolffsohn geforderte Gegensteuern des Verstandes nur in einem gesellschaftlichen Ansatz erfolgen kann. Wenn Sie sich vergegenwärtigen, dass laut Pew Research aus dem Jahr 2018 in Teilen Westafrikas unter der erwachsenen Bevölkerung eine Migrationsbereitschaft von mehr als vierzig Prozent besteht, dann ist klar, dass ungebremste Migration nicht funktionieren kann. Und wenn Sie sich zudem noch bewusstmachen, dass sich die Bevölkerung in Afrika bis 2050 verdoppelt haben wird, umso mehr. Darauf muss man politisch reagieren, und da hilft auch kein mantrahaftes Wiederholen der Formel »Afrika ist ein Kontinent der Chancen« – denn das gilt für jeden Kontinent. Unbehagen bei der Vorstellung, dass Millionen für europäische Verhältnisse schlecht ausgebildeter junger Männer nach Europa kommen könnten, ist deshalb durchaus rational begründbar. Gerade was Migration angeht, brauchen wir deshalb einen gesellschaftlichen Konsens. Migration verändert die Identität eines Landes, und sie kann sie zum Bessern oder zum Schlechteren beeinflussen. Darüber müssen wir einen Aushandlungsprozess beginnen. Davon hängt die Akzeptanz von Migration und letztlich auch die Akzeptanz der betroffenen Menschen ab. Die Grenzziehung erfolgt entweder an der Landesgrenze oder über soziokulturelle Abschottung innerhalb des Landes. Daher glaube ich nicht, dass wir um die Frage nationaler oder europäischer Grenzen herumkommen.

BINGENER: *Eine Zwischenfrage an Sie, Herr Bröning. Sie haben jetzt Positionen formuliert, die nicht gerade dem Mainstream linker Parteien entsprechen. Welche Erfahrungen machen Sie, wenn Sie solche Positionen vortragen?*

BRÖNING: Viele Menschen in der Partei teilen diese Einschätzung – von den Wählerinnen und Wählern ganz zu schweigen. Und Sozialdemokraten fordern ja eher selten offene Grenzen für alle. Wenn ich mich mit Genossen auf Ortsvereinsebene unterhalte, erfahre ich deshalb sehr mehrheitlich Zustimmung. Auch bei Gesprächen mit der Parteiführung, die ja weiterhin Volkspartei sein möchte, weiß man natürlich um das Positionsdilemma. Andrea Nahles hat sich ja unlängst ganz ähnlich geäußert. Schwierig wird es mitunter eher im Mittelbau. Da kann man falsch verstanden werden, hier setzt man sich bisweilen dem Verdacht aus, man laufe den Rechtspopulisten hinterher und erledige das Geschäft der Extremisten. Natürlich liegt mir nichts ferner als das. Wenn wir den Rechtspopulismus überwinden wollen, müssen wir die Migrationsfrage in den Griff bekommen. Für mich zeigt nicht zuletzt der doch sehr kurzfristige Erfolg der Republikaner Anfang und

Mitte der 1990er Jahre, wie das gelingen kann. Mir geht es darum, Solidarität und Integration ernst zu nehmen. Mit einer No-Border-Position ist das nicht zu machen.

BINGENER: *Herr Wolffsohn, müsste man sich nicht eingestehen, dass die Migration letztlich nur ein vorgelagertes Problem ist? Der eigentliche Sprengsatz liegt doch tiefer, nämlich in der rasant steigenden Überbevölkerung in gewissen Teilen der Welt, während andere Teile vergreisen.*

WOLFFSOHN: Gelegentlich hört man Argumentationen, die so gehen: Wir haben Unterbevölkerung, Afrika hat Überbevölkerung, rein quantitativ wäre das Gleichgewicht durch Migration herzustellen. Aber das ist eine Milchmädchenrechnung, weil eben gerade die migrierenden Schichten noch am ehesten das Know-how haben, ihre Heimatregion zu entwickeln. In Europa hingegen sind ihre Qualifikationen nicht unbedingt notwendig im funktionalen Sinne.

BRÖNING: Natürlich ist Überbevölkerung ein Sprengsatz. Aber da stoßen wir mit unserer Ethik rasch an Grenzen. Ich glaube aber, das ist einer der Punkte, wo die Debatte in Deutschland ein Stück weit unehrlich ist. Alle reden von Fluchtursachenbekämpfung: die Kirchen, die Gewerkschaften, jede Partei. Leider zeigt die Empirie relativ deutlich, dass wirkliche, nachhaltige Fluchtursachenbekämpfung eine Aufgabe von Dekaden ist und nicht bis zur nächsten oder übernächsten Bundestagswahl zu erledigen ist.

Die deutsche Einigung ist jetzt 29 Jahre her und wir haben ungefähr tausend Milliarden Euro investiert, um eine Angleichung der Lebensbedingungen zu erreichen – da gibt es nur Schätzungen. Trotzdem ist die Nettoabwanderung aus den ostdeutschen Flächenländern in die westdeutschen Flächenländer erst 2017 zum Stillstand gekommen. Und das bei völliger Abwesenheit von traditionellen Pushfaktoren wie Rechtsunsicherheit und bei einem relativ hohen Ausgangslebensniveau in den neuen Ländern. Rechnet man diese mühsame Entwicklung auf Subsahara-Afrika um, dann wird deutlich, um welche Dimensionen es geht, wenn man es ernst meint. Wie viele tausend Milliarden Euro müssten da fließen? Deswegen meine ich: Migration ist ein strukturelles Problem und braucht eine strukturelle Antwort. Da reicht nicht der sonntägliche Verweis auf ein bisschen Fluchtursachenbekämpfung.

WOLFFSOHN: Diesbezüglich gibt es zwei große Denkhindernisse. Das eine ist in Deutschland der Nationalsozialismus. Das zweite das schlechte Gewissen der Europäer wegen ihrer Kolonialgeschichte. Nun ist die Kolonialgeschichte je nach historischer Definition 1960 oder spätestens 1975 abgeschlossen. 1975 mit der Unabhängigkeit von Mozambique und Angola, 1960 mit der Unabhängigkeit von zwölf schwarzafrikanischen Staaten. Und schon 1945, wenn man will, mit Ende des Zweiten Weltkrieges. Sowohl der Nationalsozialismus als auch der Kolonialismus sind abgeschlossen, trotzdem hält sich ein völlig ahistorisches Kollektivschuldverständnis. Das ist zwar sympathisch, löst aber die heutigen Weltprobleme nicht, im Gegenteil. Hier liegt ein falsches, irrationales Verständnis von Humanität vor.

BRÖNING: Vor allem, weil uns die Migrationsforschung auch sagt und zeigt, dass globale Migration globale Ungleichheit eben gar nicht deutlich verringert. Sie kann also nicht die Antwort auf globale Ungerechtigkeit sein.

BINGENER: *Herr Wolffsohn, Sie haben in Ihren Veröffentlichungen vom »demografischen Röntgenblick auf Gesellschaften« gesprochen. Wie sähe denn Ihr Blick auf Deutschland aus? Wie wird sich perspektivisch die Einwanderung auf die Zusammensetzung der Bevölkerung auswirken?*

WOLFFSOHN: Das kommt natürlich auf die Zahlen an, die Sie zugrunde legen. Wir haben jetzt mindestens zwanzig Prozent Deutsche mit Migrationshintergrund, ein bisschen geht noch, aber ob sehr viel mehr möglich ist, kann man bezweifeln. Hinzu kommt, dass ein großer Teil unserer Migranten, besonders aus der islamischen Welt, die Probleme der Herkunftsgesellschaften in gewisser Weise mitbringt. Die dramatische religiöse Spaltung verkompliziert die Situation zudem. Kurzum, je genauer ich auf das Röntgenbild ansehe, desto gespaltener zeigt sich nicht nur die deutsche Gesellschaft, sondern die ganze westeuropäische. Darum halte ich die Forderung nach einem Grundkonsens oder einer Leitkultur für durchaus sympathisch und verständlich, aber dennoch für völlig unrealistisch. Nur der Regelkonsens ist das Erreichbare. Und der Regelkonsens ist die säkularisierte Trinität »Life, Liberty and the Pursuit of Happiness«.

BRÖNING: Da würde ich widersprechen. Ich denke schon, wir brauchen eine Diskussion über Leitkultur, und zwar nicht nur punktuell. Die Diskussion darüber, welche Werte wir als Grundlage für unser solidarisches Gemeinwesen haben wollen, können wir ja nicht heute ein für alle Mal abschließend behandeln. Was Integration angeht, bin ich aber insgesamt gar nicht so pessimistisch. Integration kann selbstverständlich gelingen. Wir müssen sie allerdings tatsächlich auch als Zielvorgabe kommunizieren und die politische Steuerung so betreiben, dass sie von der reinen Quantität nicht verunmöglicht wird, da würde ich Ihnen, Herr Wolffsohn schon Recht geben. Es gibt im internationalen Vergleich ja eine Fülle von Beispielen für erfolgreiche Integration. Wenn Sie sich die Mehrzahl der traditionellen Einwanderungsländer anschauen – da denke ich zum Beispiel an Kanada, weil ich da Familie habe –, kann man gut beobachten, wie eine Art von Assimilation an bestimmte Grundwerte durchaus zu beobachten ist. Das hat einerseits viel mit dem Versprechen auf sozialen Aufstieg zu tun, der dann aber andererseits auch nicht durch rassistische Diskriminierung ausgebremst werden darf. Die Menschen erhalten eine Assimilationsdividende. Eine Grundanpassung an Gepflogenheiten und Werte wird entlohnt durch sozialen Aufstieg, vielleicht nicht in jedem Fall in der eigenen Generation, aber auf jeden Fall in der Kindergeneration.

WOLFFSOHN: Aber Kanada war auch von vornherein eine vielschichtige Nation – es gab die französische Bevölkerungsgruppe, die britische und dann im Laufe der Jahrhunderte die Additionen der verschiedenen Migrationswellen. In Europa haben wir aber Staaten, die sich als nationale Nationalstaaten verstanden haben. Das ist der Unterschied, daher ist die Integration im ideellen Sinne in den europäischen Staaten viel schwieriger.

BRÖNING: Dennoch aber können wir davon lernen. Zentral ist für mich dabei auch, dass wir in unseren Diskussionen über Migration das folkloristische Verständnis von Integration hinter uns lassen. Man glaubt, es sei wichtig, wie die Leute sich kleiden oder bestimmte Feste begehen. Das spielt überhaupt keine Rolle. Niemandem soll seine Folklore ausgetrieben werden. Das geht den Staat nichts an, darum geht es nicht. Es geht um ein bestimmtes Grundkorsett an Werten, die akzeptiert werden müssen, um auf einer gleichen Spielebene mit den anderen gleichberechtigt aktiv werden zu können.

WOLFFSOHN: Aber was sind diese Werte? Die müssen wir schon definieren.

BRÖNING: Genau, da wird es ja interessant. Einerseits ist das natürlich das Grundgesetz. »Unsere Leitkultur ist das Grundgesetz«, heißt es dazu ja immer wieder. Aber ich meine, das reicht nicht ganz. Neunzig Prozent der Deutschen halten Leitkultur für etwas völlig Selbstverständliches. Und sogar achtzig Prozent der Migranten haben mit dem Konzept Leitkultur gar kein Problem und finden selbst, dass sie sich anpassen sollten. Schließlich ist das in Heimatländern auch so. Was meinen die also jetzt damit?

WOLFFSOHN: Ja, was meinen sie?

BRÖNING: Nur Gesetzestreue? Ich glaube nicht. Ich denke schon, dass es um ein gewisses Maß an Assimilationen geht. Die Frage ist nur, wie genau die aussehen soll. Kann man sich als Bundesinnenminister hinstellen und eine Liste aufmachen und sagen: Wir sind nicht Burka, wir sind Händeschütteln? Das ist immer absurd.

Und je konkreter Sie es machen, desto absurder wird es. Was ist, wenn Sie keine Lust haben auf Händeschütteln? Sind Sie dann kein Staatsbürger mehr? Die grundsätzliche, abstrakte Frage lautet: Gibt es eine Leistung, die Sie einfordern, aber nicht konkret definieren können? Das ist schwierig zu beantworten. Vielleicht kann man das am ehesten mit Elternliebe vergleichen. Da haben Sie einen analogen Prozess, den Sie klar benennen, aber nicht eindeutig definieren können. Erklären Sie mal Elternliebe. Wir könnten dann natürlich eine Liste aufmachen wie der damalige Bundesinnenminister. Da steht dann drauf: Elternliebe ist, wenn Sie Ihren Kindern etwas zu essen machen, nach den Hausaufgaben sehen, auf Impfungen achten und ihre Kinder möglichst oft in den Arm nehmen. Aber das Abarbeiten dieser Liste reicht ja längst nicht aus. Auf die Haltung kommt es an. So ist zwar ein exaktes Maß für Anpassung und Leitkultur nicht definierbar, aber das heißt nicht, dass beides nicht existiert. Diese Anpassung aber können Sie nicht an drei, vier oder fünf Indikatoren festmachen, sondern nur an einer Grundhaltung.

WOLFFSOHN: Aber solche Emotionalisierung können Sie in jede beliebige Richtung drehen. Deswegen bin ich gegen eine Emotionalisierung des Wertekonsenses. Das Absichern des Lebens muss gewährleistet sein. Das ist existenziell. Alles andere halte ich für eine manipulative Versuchung, die mal gutgehen kann, in der Regel aber schlechtgegangen ist, daher bin ich diesbezüglich außerordentlich skeptisch.

BRÖNING: Aber es braucht schon die Idee einer Gemeinschaft, die von mehr getragen wird als Gesetzestreue und die zugleich konkreter ist als Rufe nach Zusammenhalt auf planetarischer Ebene. Gibt es das nicht, ist meiner Meinung nach so etwas wie gesellschaftliche Solidarität und Einstehen füreinander sehr unwahrscheinlich.

WOLFFSOHN: Nein. Und zwar deshalb nicht, weil im Sinne der Funktionalität diese Solidarität notwendig ist. Wenn sich ein Großteil der Gesellschaft total entfremdet fühlt, wird es auch funktional nicht klappen. Und machen wir uns doch nichts vor, ob nun mit Migration oder ohne: Jedes Individuum, jede Gruppe sucht sich nach dem individuellen oder Gruppenvorgaben seine Gemeinschaft aus. Das ist dann die Solidarität, die am direktesten ist. Darüber hinaus gibt es die gesamtgesellschaftliche, die als Einsicht in die Notwendigkeit funktioniert.

BRÖNING: Aber die funktioniert ja offenbar nur, wenn wir so eine Zutat wie ein nationales Wir-Gefühl haben. Sie finden weltweit zwar Nationalstaaten, die keine Wohlfahrtsstaaten sind, aber sie finden keine Wohlfahrtsstaaten, die nicht auch Nationalstaaten sind. Die Empirie zeigt uns, dass Umverteilung offenbar nur dort funktioniert, wo es ein ausgeprägtes Gemeinschaftsgefühl gibt. Überall da, wo wir ein mangelhaft ausgeprägtes Nationalverständnis haben, ein gering ausgeprägtes nationales kollektives Wir-Gefühl, da funktioniert die Umverteilung nicht, weil Menschen sich weigern einzuzahlen. Das erklärt übrigens zumindest historisch auch die sehr viel schlankeren sozialstaatlichen Absicherungen in den traditionellen Einwanderungsländern.

WOLFFSOHN: Trotzdem halte ich das Liebesgebot der jeweiligen Staatlichkeit gegenüber für einen Fiktion. Sie ist so oft missbraucht worden und sie ist auch missbrauchbar. Hier baut man letztlich auf Sand. Sie können nicht die individuelle Liebe oder die Liebe zwischen Kindern und Eltern oder Eltern und Kindern auf ein Gemeinwesen übertragen, das aus vielen Millionen Menschen besteht. Das ist ein Faktor, der so stark manipulativ ist, dass er aus innerer Überzeugung langfristig nicht wirksam werden kann. Aber natürlich, ganz ohne Emotionen geht es nicht. Auch ich versuche, ein individuelles und gesellschaftliches Modell zu denken, in dem die Bereitschaft zum Wir gefühlsmäßig verinnerlicht wird.

BRÖNING: Genau darum geht es mir ja. Es geht nicht um die Liebe zum Vaterland, das wäre wirklich zu pathetisch. Es geht mir um ein Bekenntnis zu einem gemeinschaftlichen Projekt. Aber auf dieses Bekenntnis muss man schon Bezug nehmen, und dieses Bekenntnis muss man auch einfordern. Das ist eben mehr, als sich an das bloße Selbstverständliche zu halten und nicht rechtsbrüchig zu werden. Das ist ein Graubereich, der schwer zu definieren ist und mit Werten und gesellschaftlichen Konventionen zu tun hat. Nehmen wir etwa das Schlangestehen in Großbritannien. Das wird von keinem Gesetz verordnet. Und doch wird mit Recht erwartet, dass Neubürger dieses Verhalten übernehmen.

BINGENER: *In der gerade von Ihnen beiden geführten Kontroverse spiegelte sich der alte Konflikt zwischen einer kommunitaristischen Position, die in diesem Fall Sie einnehmen, Herr Bröning, und auf der anderen Seite dem Liberalismus, der, wie von Herrn Wolffsohn dargelegt, lediglich auf Rechtstreue innerhalb einer Gesellschaft* *zielt und nicht darüber hinaus auf eine Gemeinschaft mit geteilten Werten. Herrn Bröning möchte ich fragen, ob Sie uns ein Beispiel geben können, wie ein progressiver, linker Kommunitarismus konkret aussehen könnte?*

BRÖNING: Das Entscheidende für mich ist das gemeinschaftliche Wir, das nicht ethnisch hergeleitet wird. Es geht nicht um Vorfahren, Abstammung oder um die Hautfarbe, sondern es geht um das Bekenntnis zu einem gemeinsamen Projekt, das in die Zukunft reicht. Für mich liefert da die schottische Nationalpartei ein konstruktives Beispiel. Sie vertritt in wirtschaftlichen Fragen voll sozialdemokratische Positionen. Und sehr proeuropäische. Gleichzeitig steht sie für einen nicht auf Abstammung beruhenden Nationenbegriff. Das Schottische liegt nicht in der Familie – man muss nicht mit dem Kilt geboren sein. Schotte sein beruht auf dem Bekenntnis, Teil des Projekts Schottland sein zu wollen – unabhängig davon, wo man herstammt.

WOLFFSOHN: Schottland ist kein gutes Beispiel, weil Sie auch in Schottland eine relative ethnische Homogenität voraussetzen können. Sie haben ja nicht nur die insulare Lage, sondern die Schotten als Nachfahren der Kelten wurden immer an den Rand gedrängt und haben dadurch ein stärkeres Gefühl für eine Schicksalsgemeinschaft entwickelt. Ähnlich ist das bei den Juden. Ich bin gar nicht gegen Ihre Position, sie ist mir nicht unsympathisch. Nur ich sehe keine realistische Grundlage für einen solchen Nationenbegriff. Er ist eine Fiktion.

BRÖNING: Sicher ist das eine Fiktion. Aber auch Fiktionen und Konstruktionen können Wirkung entfalten. Auch

Geld ist schließlich eine Fiktion. Wenn Sie sich die USA als Einwanderungsland anschauen oder Staaten wie Australien, dann ist das für mich ein Beleg dafür, dass verschiedene Nationalitäten durchaus zu einer Nation werden können. Barack Obama – einer, der vielen als leuchtendes Beispiel für progressive Politik gilt – hat da den richtigen Ansatz gefunden. Meines Erachtens hat Obama schon im Vorfeld seiner ersten Präsidentschaftskandidatur diesen Spagat hinbekommen. In seiner ersten fulminanten Rede auf einem Parteitag der Demokraten verkündete er: Es gibt keine roten Staaten, es gibt keine blauen Staaten, es gibt nur die Vereinigten Staaten von Amerika. Das ist das genaue Gegenteil eines beliebigen Multikulturalismus, der die Menschen in Schubladen steckt und Solidarität über eng gezogene Grenzen der Identitätspolitik verhindert. Davon brauchen wir mehr! Sie haben aber natürlich Recht, man kann da auch leicht in die Irre gehen. Ich will ja gar nicht leugnen, dass dem Nationalismus eine schreckliche Wirklichkeit anhaftet, für die es im 20. Jahrhundert nun wirklich reichlich Belege gibt. Aber Nationalstaaten müssen nicht zwangsläufig nationalistisch werden.

WOLFFSOHN: Hier kommen wir nicht überein. Wir sind uns im Ziel einig, aber nicht über den Weg.

BINGENER: *Herr Wolffsohn, es gibt in der Geschichte eine ganze Reihe von Beispielen dafür, wie Migrationsfragen mit extremen, teils niederträchtigsten Mitteln »gelöst« werden sollten: Das Spektrum reicht von gezielter Ansiedlung und Verdrängung bis hin zu Vertreibungen und sogar Ermordung und Vernichtung. Wie dünn ist da aus Ihrer Sicht das zivilisatorische Eis, auf dem wir heute* *stehen? Haben wir derlei zumindest in Europa hinter uns gelassen?*

WOLFFSOHN: Wir haben heute keine mit dem Holocaust, dem Völkermord an den Armeniern oder der Vernichtungspolitik von Stalin oder Mao vergleichbaren Verbrechen, aber die Effizienz des Massenmordens ist auch in der zweiten Hälfte des 20. Jahrhunderts noch »beachtlich« gewesen. Ich erwähne als Beispiel den Genozid in Kambodscha durch die Roten Khmer nach 1975. Ich erinnere an Ruanda 1994 und so weiter. Das zivilisatorische Eis ist dünn. Leider auch in Europa. Wer hätte denn 1980 gedacht, dass es auf dem Balkan zu einem Krieg kommen könnte, zu mehreren Kriegen von 1991 bis 1999? Wer hätte gedacht, dass die ehemalige Sowjetunion, die ja scheinbar für die Ewigkeit konstruiert war, auseinanderbrechen würde und das durchaus gewaltsam? Millionen Russen sind aus den ehemaligen Republiken der Sowjetunion vertrieben worden.

Ja, ich fürchte, dass das zivilisatorische Eis wirklich sehr dünn ist. Gut, als deutscher Jude bin ich wohl ein gebranntes Kind. Meine Großeltern und Eltern mussten fliehen. Auch heute erleben wir wieder alten und neuen Antisemitismus. Wir haben uns schon öfter gefragt, wie sicher unsere Zukunft hier ist. Seit Jahrzehnten habe ich Personenschutz, schon lange bevor die muslimische Gewalt so offensichtlich als ein gesellschaftliches Problem erkennbar war. Der Mensch ist, wie er ist. Bisher hat niemand ein Rezept gefunden, der Conditio humana die Gewalt auszutreiben. Und alle gewaltsamen Versuche dazu mündeten in noch größerer Gewalt.

BINGENER: *Herr Bröning, sehen Sie das auch so skeptisch? In der AfD-Rhetorik findet man ja Begriffe wie Umvolkung, die eben genau solche Möglichkeiten doch zumindest wieder in den Raum des Vorstellbaren rücken. Bereitet Ihnen das Sorgen?*

BRÖNING: Natürlich macht mir das Sorgen. Die rechtspopulistischen Parteien sind gut darin, Feuer zu schreien, aber sie sind bekanntlich miserabel darin, das Feuer dann auch zu löschen. Das Eis ist dünn, an manchen Stellen ist es sogar schon geschmolzen. Auch die Verrohung im Diskurs ist greifbar. Aber wie gesagt: All das ist jetzt historisch kein Ausnahmephänomen. Deswegen ist es ja gerade wichtig, dass verantwortungsbewusste politische Kräfte die bestehenden Herausforderungen vernünftig bearbeiten. In dem Maße, in dem wir das nicht tun, weil wir beispielsweise vor der Jahrhundertherausforderung Migration zurückschrecken, überlassen wir das Feld unverantwortlichen politischen Kräften.

BINGENER: *Dann sprechen wir jetzt mal über andere Lösungen. Wie sähe denn gelingende Integration aus? Ist es das Ziel guter Integrationspolitik, Migranten zu deutschen Staatsbürgern zu machen? Sollten sie nur deutsche Staatsbürger sein, oder sind doppelte Staatsbürgerschaften auch in Ordnung, solange sich alle an die Gesetze halten?*

WOLFFSOHN: Darauf muss ich mehrere Antworten geben, typisch jüdisch. Ich habe meine israelische Staatsbürgerschaft aufgegeben, weil ich eine doppelte Staatsbürgerschaft für eine Überfrachtung der Pflichten halte. Ich bin als Staatsbürger doch so konservativ, dass ich meine Pflichten ernst nehme und nicht nur auf den Rechten bestehe. Die Pflichten einem Staat gegenüber sind gar nicht gering, wenn man sie ernst nimmt, umgekehrt erwartet man ja auch vom jeweiligen Staat, dass er einen schützt. Die Schutzfunktion ist die ursprünglichste Funktion des Staates. Wenn ich zwei Staatsbürgerschaften habe, stellt sich die Frage, wer zuständig ist, wenn ich in eine außenpolitische Bredouille gerate und zum Beispiel auf den Philippinen entführt werde.

BINGENER: *Im besten Fall beide.*

WOLFFSOHN: Nein, keiner wird sich angesprochen fühlen. Da bin ich Realist. Nein, die doppelte, dreifache oder vierfache Staatsbürgerschaft ist eine Scheinlösung. Was aber in den Köpfen und Herzen der Menschen ist, das lässt sich nicht auf die Staatsbürgerschaften und Pässe reduzieren. Es ist nicht schlecht, wenn man mehrere Identitäten hat, doch die hängen nicht von den jeweiligen Pässen ab. Ich habe eine sehr stark jüdisch-israelische Identität, obwohl ich den israelischen Pass abgegeben habe.

BINGENER: *Herr Bröning, die doppelte Staatsbürgerschaft war ja – vielleicht auch mit Blick auf erschließbare Wählerpotenziale – eines der Leib- und Magenprojekte der Sozialdemokratie.*

BRÖNING: Das hatte schon auch mit Überzeugung zu tun. Und ich halte die doppelte Staatsbürgerschaft nach wie vor für richtig. Ich glaube jedoch, dass wir erst einmal verstehen müssen, welch zentrale Kategorie die Staatsbürgerschaft ist. Denn hier reden wir darüber, wer zu uns gehört und wer nicht. Das Grundgesetz ist da ja relativ einsilbig. Es sagt nur: Deutscher ist, wer die deutsche Staatsbürgerschaft besitzt und Punkt, den Rest regelt der Gesetzgeber. Einerseits ist das ein Manko, weil uns das Grundgesetz nicht sagt, wer eigentlich Deutscher ist, außer auf dieser rein formalen Ebene. Gleichzeitig ist es aber eine Chance, weil wir politisch ausgestalten können, wer die Staatsbürgerschaft erhält. Mit der doppelten Staatsbürgerschaft haben wir doch ein Stück weit lediglich die Realitäten anerkannt. Identität ist ja nichts Monolithisches. Ich halte nichts davon, Menschen zu einer Entscheidung hinsichtlich ihrer Identität zu zwingen. Das ist ja das Schöne an Identitäten, man kann viele haben. Man kann Weltbürger und Europäer und Deutscher und Sachse sein, das geht alles parallel. Michael Walzer hat dazu sinngemäß einmal gesagt: Wo sich Identitäten auffächern, werden Leidenschaften gespalten. Das muss nichts Negatives sein.

BINGENER: *Aber die Frage, die Herr Wolffsohn aufgeworfen hat, muss schon gestellt werden: Wie sieht es mit den Rechten und Pflichten aus? Schauen Sie sich die türkisch-deutschen Beziehungen an, da wurden Identitätskonflikte binnen weniger Jahre scharfgestellt, von denen vorher immer behauptet wurde, dass es sie gar nicht gebe.*

BRÖNING: Bei den Pflichten sehe ich kein Problem. Wenn Sie amerikanischer Staatsbürger sein wollen, dann müssen Sie nur eben auch in Amerika Steuern zahlen, ob Sie da leben oder nicht. Wenn Sie bereit sind, diese Pflicht zu tragen, warum sollte man Ihnen das dann vorenthalten? Dem deutschen Sozialsystem gegenüber sind Sie deswegen ja nicht weniger loyal, Sie haben nur noch eine zusätzliche Identität. Schauen Sie, meine Kinder sind Deutsche und Kanadier. Sie haben den deutschen Pass über mich und den kanadischen Pass über meine Frau. Sie könnten sogar noch einen dritten Pass beantragen. Ich bringe ihnen bei, dass sie beides sind, dass sie zu einhundert Prozent Deutsche und zu einhundert Prozent Kanadier sind, weil ich die Vorstellung falsch finde, dass sie irgendetwas nur halb sind. Kann man nicht beides ganz sein? Da sehe ich kein Problem. Vielleicht möchten sie sich irgendwann für eines entscheiden, vielleicht nicht. Das überlasse ich ihnen.

WOLFFSOHN: Identität hat unterschiedliche Ebenen. Einmal gibt es die Ebene des Funktionierens und Administrierens. Sie werden administriert in dem Land und von dem Land, in dem sie leben. Solange sie in Deutschland leben, sind sie Teil des deutschen Funktionalsystems. Das andere ist die identifikatorische Ebene. Mit der kanadischen Staatsbürgerschaft oder ohne, Ihre Kinder haben die Identität von Mutter und Vater. Das ist wunderbar. Aber bei der Steuerung eines Gemeinwesens kann nur das Regulativsystem gelten, in dem man lebt. Und dann gibt es durch die doppelte Staatsbürgerschaft, durch die doppelte Regulierung, doppelte Probleme.

Noch etwas: Weltbürger, Europäer, Deutscher und Sachse kann man natürlich gleichzeitig sein, diese Identitäten liegen aber eben auf verschiedenen Ebenen, die man an konzentrischen Kreisen verdeutlichen kann. Bei doppelten Staatsbürgerschaften überschneiden sich die Kreise, was zu Konflikten führen kann – spätestens wenn die beiden Staaten Schwierigkeiten miteinander bekommen.

BINGENER: *Erwarten Sie, dass sich die Migranten in Deutschland irgendwann in Form eigener Parteien organisieren?*

Wäre das aus Ihrer Sicht wünschenswert als Zeichen ihrer politischen Teilhabe oder liegt darin der Keim langfristiger Spaltung?

WOLFFSOHN: Das wird kommen. Parteien sind immer eine Reaktion auf gesellschaftliche Veränderungen. Es hätte keine sozialistischen, sozialdemokratischen Parteien gegeben ohne die industrielle Revolution, ohne die ökologischen Probleme nicht die Grünen und ohne die konfessionellen Probleme bereits im ersten Drittel des 19. Jahrhunderts keine christlich-demokratische Bewegung. Das Migrantenproblem ist vorhanden, egal, wie man das sieht – positiv oder negativ. Einige Migranten sind in den verschiedenen bestehenden Parteien etabliert – beispielsweise Cem Özdemir, der als Politiker großes Ansehen genießt. Aber der weitaus größere Teil der Migranten ist institutionell noch nicht organisiert. Das wird aber eines Tages geschehen. In den Niederlanden gibt es schon eine Migrantenpartei, das wird auch bei uns kommen. Generell ist das auch zu befürworten. Denn Institutionen zivilisieren und pazifizieren den Verteilungskampf.

BRÖNING: Da würde ich klar widersprechen. Natürlich hat jeder Staatsbürger das Recht, eine Partei zu gründen, auch Migranten, sofern sie deutsche Staatsbürger sind. Die Migrantenpartei DENK in den Niederlanden hat bei den letzten Kommunalwahlen meines Wissens fast sieben Prozent in Amsterdam erreicht. Das ist schon eine Größe, mit der man rechnen muss. Für mich ist das einerseits wenig überraschend, in den Vereinigten Staaten gab es auch deutsche Auswanderungsclubs, allerdings keine regulären Parteien. Problematisch ist aber, dass sich die Migrantenpartei in den Niederlanden weithin aus der dritten oder vierten Generation ehemaliger Einwanderer speist. Deswegen ist das in meinen Augen ein Hinweis auf das Missglücken von Integrationspolitik. DENK ist ein Symptom des Scheiterns der etablierten Parteien, die diesen Menschen keine politische Heimat geben konnten. Darauf sollte man nicht stolz sein.

Für Deutschland ist es noch nicht zu spät. Wir können und sollten sicherstellen, dass Menschen mit Migrationshintergrund sich in die etablierten Kanäle der Parteien eingliedern können. Ich sage Ihnen auch, warum ich das hoffe: weil solch eine Migrantenpartei auf ethnische Identität setzt. Und ich frage mich, wie eine solche Partei eigentlich Kompromisse schließen will. Kompromisse sind schwierig, wenn es um Identität geht. Über den Mindestlohn kann man sich streiten und über die Höhe der Mehrwertsteuer allemal. Bei der Frage aber, wer bin ich und wer du bist, ist das deutlich komplexer. Darum halte ich das für eine schwierige Entwicklung.

4. Der Staat und seine Grenzen

BINGENER: *Noch vor zehn oder zwanzig Jahren galt der Nationalstaat im Zeichen des Neoliberalismus als mehr oder minder fortschrittshemmendes Moment. Inzwischen wird ein starker Nationalstaat von Linken wie von Rechten zum Garanten des Wohlergehens erklärt. Zu Recht, Herr Bröning, oder benötigen wir auf längere Sicht nicht doch andere, vielleicht größere Organisationsformen?*

BRÖNING: Stimmt, es gibt da einige neue Nuancen in der Debatte. Die allgemeine öffentliche Diskussion aber nehme ich ganz anders wahr. Dort erleben wir doch seit Jahren eher einen Abgesang auf den Staat. In unseren Talkshows erhalten sie heute verlässlich Szenenapplaus, wenn sie darlegen, weshalb der Nationalstaat mit der Lösung aktueller Probleme komplett überfordert ist und wir deshalb möglichst überall europäische Regelungen brauchen oder gar gleich globale. Immer wieder erscheint der Staat hier eher als ein zahnloser Dinosaurier, der schlicht nicht in der Lage ist, die Herausforderungen der Gegenwart zu bearbeiten. Damit aber habe ich aus zwei Gründen Schwierigkeiten: Erstens ist dieser Abgesang auf den Nationalstaat letztlich eine ziemlich deutsche Angelegenheit. In den meisten europäischen Ländern hält sich die Begeisterung für die Abschaffung nationaler Eigenstaatlichkeit in Grenzen. Dieses deutsche Spezifikum hat aus meiner Sicht viel mit der deutschen Vergangenheit zu tun und dem ja durchaus nachvollziehbaren Streben, die eigene schwierige Nationalidentität durch unverfänglichere Identitätskategorien zu ergänzen oder gleich ganz zu ersetzen – eben die europäische oder die des Weltbürgers. Heikel wird es aber, wenn deutsche Postnationalisten ausgerechnet jenen europäischen Nachbarn die Gefahren des Nationalismus erklären, die unter deutschem Nationalchauvinismus am stärksten gelitten haben. Für viele unserer Nachbarn war der Nationalstaat ja eben nicht Werkzeug des Verbrechens, sondern Schutzraum, und zwar gegen Deutschland. Das finde ich schwierig. Zweitens aber führt der so verbreitete mediale Abgesang auf den Nationalstaat auch konzeptionell in die Irre. Denn bei allen Schattenseiten des übersteigerten Nationalismus ist der Nationalstaat das schärfste Instrument, das wir haben, um Demokratie, Partizipation und soziale Gerechtigkeit sicherzustellen.

Aber Sie haben Recht: Einige Parteien haben in jüngster Zeit versucht, das Konzept staatlicher Absicherung wieder stärker in den Blick zu nehmen. Das ist gut, nur leider oft nicht gerade glaubwürdig. Es ist doch ironisch, eben den Rechten das Bekenntnis zum starken Staat abzukaufen, die die Handlungsfähigkeit des Staates in den vergangenen Jahren systematisch unterhöhlt haben. Wenn die Rechte seit den 1970er Jahren für irgendetwas steht, dann doch für die Verschlankung des Staates. Schauen Sie sich Donald Trump an. Der will zwar Amerika, wie er sagt, wieder »great« machen, aber zahlt mit ziemlicher Sicherheit noch nicht einmal Steuern. Und die Hälfte der Ämter in seinen Ministerien ist nicht besetzt. Sieht so ein starker Staat aus?

BINGENER: *Haben Sie den Eindruck, dass der gegenwärtige Konservatismus noch so staatsskeptisch ist?*

BRÖNING: Der gegenwärtige Konservatismus ist in der Frage uneins mit sich selbst. Zwei Herzen schlagen in seiner Brust. Wenn Sie sich die Republikaner in den Vereinigten Staaten anschauen, werden Sie keine Antwort auf die Frage geben können, für welche Art von Staatsmodell diese Partei gerade steht.

BINGENER: *Gilt das auch für Europa?*

BRÖNING: In Reinform konnten wir den Idealtyp dieser rechts-liberalen Staatsskepsis über das Dogma des Washington Consensus in den vergangenen Jahrzehnten in den Vereinigten Staaten und in Großbritannien erleben. Dort wurde entstaatlicht und liberalisiert, was das Zeug hält. Diesen Trend haben Regierungen in Westeuropa glücklicherweise nicht voll mitgemacht – anders als der östliche Teil unseres Kontinents. Dort wurde nach dem Fall des Eisernen Vorhangs ebenfalls auf Teufel komm raus liberalisiert. Die Folgen erleben wir heute in Form eines rechtspopulistischen Backlashs, der in Ländern wie Ungarn und Polen, aber auch in den USA und im Vereinigten Königreich besonders stark ausfällt. Ein Fehler der Linken war sicherlich, dass sie in diese Richtung viel zu oft und viel zu weit mitgegangen sind. Da wurde manchmal vergessen, dass sich den schwachen Staat immer nur eine ganz bestimmte Schicht leisten kann: nämlich die finanziell besonders starke.

WOLFFSOHN: Das halte ich für eine Legende. Wenn wir den Wohlstand schichtenübergreifend und historisch betrachten, schneidet das Modell des Liberalismus deutlich positiv ab. Und auch das Schlagwort Neoliberalismus halte ich für ein negatives Schlagwort, das mit dem eigentlichen Kernanliegen des Liberalismus und auch der Entwicklung liberaler, marktwirtschaftlicher Gesellschaften in keiner Weise übereinstimmt. Liberalismus ist für mich jedenfalls erst einmal etwas Positives, weil es das Element der Freiheit, libertas, beinhaltet, und die immer neue Erinnerung an die Freiheitsidee ist unter diesen Vorzeichen ganz und gar nichts Negatives. Der allgemeine Wohlstand in kapitalistischen bzw. neoliberalistischen Gesellschaften – wie auch immer Sie diese benennen – ist im internationalen Vergleich um ein Vielfaches höher als in anderen Gesellschaften. Kein Staatsmodell ist erfolgreicher.

Was heißt, bitteschön, Gerechtigkeit. Jeder versteht darunter etwas anderes. Ich sag's mal ganz salopp: Wenn's mir gutgeht, stört es mich kein bisschen, wenn es anderen besser geht, sogar viel besser. Wenn ich alles habe, was ich brauche, brauche ich nicht noch mehr. Auch keine Yacht in der Karibik, wo ich mich aus Langeweile betrinken und nicht Playboy, sondern Play-Greis sein müsste. Auf die Makroebene übertragen: Wenn es breiten und breitesten Schichten der Bevölkerung gutgeht, sollte es sie nicht stören, dass andere noch mehr als sie selbst haben.

BRÖNING: Es ist schon klar, dass das kapitalistische Wirtschaftsmodell für erheblichen Wohlstand gesorgt hat und dass auch die Globalisierung in den vergangenen dreißig bis vierzig Jahren enorme Wohlstandszugewinne mit sich gebracht hat. Niemand wünscht sich wirtschaftlichen Dirigismus per Fünfjahresplan zurück. Aber zugleich ist eben auch die Polarisierung größer geworden. Schauen Sie sich den aktuellen Wohlstandsreport von Oxfam an, der im Vorfeld des Weltwirtschaftsforums in Davos veröffentlicht wurde. Allein im vergangenen Jahr sind die Vermögen der Milliardäre in aller Welt um zwölf Prozent gestiegen. Die ärmere Hälfte der Weltbevölkerung musste dagegen Vermögenseinbußen von elf Prozent verkraften. Angesichts dieser Daten kann Freiheit nicht der einzige Wert sein, auf den es ankommt. Für mich als Sozialdemokrat sind Freiheit, Solidarität und Gerechtigkeit drei Grundwerte, mit denen ich mich gleichwertig identifiziere. Zu fragen ist nämlich auch nach der Freiheit wovon. Freiheit von massiver Ungerechtigkeit ist auch ein zentraler Wert.

WOLFFSOHN: Das ist keine Frage, wohl aber eine beliebte Phrase, die das Positive polemisch verdeckt.

BRÖNING: Das ist keine Polemik. Denn das Positive erreichen sie nicht, wenn Sie dem neoliberalen Glaubenssatz folgen, dass es so etwas wie Gesellschaft eigentlich gar nicht gibt. Anders als Adam Smith meinte, ist eben nicht für alle gesorgt, wenn jeder nur für sich selbst sorgt. Man soll Smith nicht auf diese Formel verkürzen, aber die unsichtbare Hand des Marktes, von der die Neoliberalen immer schwärmen, regelt eben wichtige Fragen einfach mal gar nicht. Hier brauchen wir den Staat als Korrektiv.

WOLFFSOHN: Nein, es gibt auch hier diverse Abstufungen zwischen dem »Wir« und dem »Ich«, zwischen dem totalen Plan und der totalen Individualisierung. Im Jahr 2018 Adam Smith' »Wealth of Nations« von 1776 als verbindliches Rezept anzupreisen, ist natürlich vollkommen absurd. Im Prinzip lässt sich die Erfolgsbilanz des Liberalismus einfach nicht bestreiten. Aber auch, dass das Ideal einer gerechten Gesellschaft nicht erreicht worden ist, ist unbestreitbar. Und jetzt müssen wir wieder konkreter werden: Wer oder was ist der Staat? Der Staat ist eine Addition einzelner Menschen, die in einem bestimmten administrativen Raum, genannt Staat, leben. Und das sind Menschen wie du und ich. Manche sind korrupt und manche nicht. Das gilt für Diktaturen ebenso wie für Demokratien. Wenn ich konkret auf die kommunale Ebene blicke, beispielsweise die Berliner Verwaltung, dann finde ich herausragende Beispiele von engagierten Staatsbeamten und auch einige von korrumpierten – nicht nur unbedingt im materiellen Sinne, sondern im Hinblick auf ganz verschiedene Bereiche. Den Glauben, dass eine staatliche Instanz menschliche Schwächen ausgleichen könne, halte ich für eine schöne Illusion. Sie ist mir nicht unsympathisch, aber sie ist völlig unrealistisch, ja, geradezu naiv.

BINGENER: *Herr Bröning, ich kann Ihnen folgenden Einwand nicht ersparen: Sie plädieren für eine höhere Staatsverschuldung, um die soziale Kluft zwischen den Bevölkerungsgruppen durch staatliche Intervention zu verringern. Dieses Vorgehen wirft doch gleich mehrere Probleme auf: Verschuldung führt zu Währungskrisen, wie wir in der Euro-Zone allzu gut wissen. Verschuldung kann aber auch, so mein Eindruck, den Populismus fördern, weil sie zu Unsicherheit führt und bei den Bürgern das Gefühl verstärkt, auf wankendem Boden zu stehen.*

BRÖNING: Ich plädiere doch nicht grundsätzlich für eine höhere Staatsverschuldung. Ich sage nur: Volkswirtschaftlich kommt es darauf an, an welcher Stelle im Konjunkturzyklus sie durch Schulden Investitionen ermöglichen. Nicht nur die Menge, auch der Zeitpunkt macht das Gift. Und: Natürlich kann eine kluge Politik gesellschaftliche Spaltung mindern. Die Geschichte der vergangenen fünfzig Jahre – nehmen wir die Entwicklung in Lateinamerika und in den afrikanischen und asiatischen Staaten in den Blick – zeigt doch eindeutig, dass neoliberale Dogmen im Sinne von »Wir brauchen den Staat nicht, der Markt wird es richten« widerlegt worden sind. Es gibt viele gute Beispiele von Entwicklungsländern, die auf eine staatszentrierte Entwicklung gesetzt haben.

WOLFFSOHN: Venezuela?

BRÖNING: Nein. Aber wie wäre es mit Japan, Südkorea und China? Dort wurden Hunderte Millionen von Menschen aus der Armut geholt, und zwar auch durch staatszentrierte Entwicklung. Auf der anderen Seite haben wir Subsahara-Afrika und weite Teile Lateinamerikas, die die Patentrezepte des Washington Consensus vielleicht nicht in jedem Fall geglaubt, aber auf jeden Fall umgesetzt haben. Die Ergebnisse waren völlige Stagnation.

BINGENER: *Aber geht man da nicht von sehr unterschiedlichen kulturellen Voraussetzungen aus? Eine über Jahrtausende gefestigte und einflussreiche Kultur wie China auf der einen Seite und dann die Subsahara-Staaten?*

BRÖNING: Natürlich spielen auch kulturelle Werte eine Rolle. Aber für unsere Diskussion ist die Bilanz von neoliberalen Entwicklungsbemühungen ausschlaggebend. Und die ist objektiv schlecht. Auch westliche Staaten haben doch in ihrer eigenen Historie ganz gezielt auf staatszentrierte Entwicklung gesetzt. Die Briten, die

Amerikaner haben ihre Märkte jahrzehntelang mit staatlichen Zöllen geschützt. Und in Japan und Südkorea haben staatsnahe Betriebe die wirtschaftliche Entwicklung massiv vorangetrieben. Der Staat ist hier zumindest ein Teil der Antwort auf die Frage nach den Erfolgsgründen. Das hat selbst die Weltbank letztendlich einsehen müssen. Das ist jetzt kein Loblied auf staatlichen Zentralismus – wir wissen, wie das endet. Aber ausschließlich auf Entstaatlichung, Freihandel und Liberalisierung zu setzen, ist ganz sicher auch nicht die Lösung. Diese Bilanz sollten wir ungeschminkt zur Kenntnis nehmen.

WOLFFSOHN: Aber wer ist das »Wir«? »Wir« in Deutschland haben trotz oder wegen des Neoliberalismus einen Lebensstandard, der seinesgleichen in der deutschen Geschichte oder auch im internationalen Vergleich sucht. In China, ja, das ist ein ökonomischer Riesenerfolg, aber um welchen Preis? Diese Form von Freiheit wollen wir nicht haben. Ich jedenfalls nicht.

Aber ich will lieber kleinere Brötchen backen und nicht die Weltprobleme diskutieren, sondern ein konkretes deutsches Beispiel benennen, wo der Staat völlig falsch steuert. Wir wissen alle, dass es im Immobilienbereich ein Problem gibt: Es gibt zu wenige Wohnungen, und die Wohnungen, die es gibt, sind zu teuer. Was also sollte man tun? Man zieht die sogenannte Mietpreisbremse. Die Ansicht, auf diese Weise dem Problem zu Leibe rücken zu können, ist völliger Unsinn. Das Angebot an Wohnungen wird dadurch nicht größer, sondern es wird geringer, was zum Anstieg der Preise führt. Hier hätte man durch vergünstigte Investitionsbedingungen für die Individuen preiswerter und ohne Steuermittel, beispielsweise durch Steuererleichterungen, mehr erreichen können. Dieses ganz dringende Problem der Gesellschaft muss erkannt, benannt und auch gesteuert werden. Wie unfähig der Staat aber auf diesem Gebiet ist, habe ich selbst bei der Modernisierung der Wohnanlage Gartenstadt Atlantic in Berlin erleben können. Der Staat, in diesem Falle der Berliner Senat, hatte sich praktisch aus der Wohnungspolitik zurückgezogen und damit ein Unterangebot vorprogrammiert.

BRÖNING: Das war sicher ein Fehler. Hier ist zumindest auch der Staat zuständig. Das Problem ist aber aus meiner Sicht etwas grundsätzlicher. Der Staat ist die einzige soziale Institution mit Allzuständigkeit. Das bedeutet: Er ist zumindest potenziell für alles ansprechbar. Sie können nicht zur Europäischen Kommission laufen und sich darüber beschweren, dass Ihre Post nicht zugestellt wurde. Und wenn Ihnen die Algenbelastung in Badegewässern diesen Sommer zu hoch ist, können sie damit kaum das UN-Umweltprogramm behelligen. Ihr Bundestagsabgeordneter aber ist prinzipiell für beides ansprechbar. Die Folge dieser Allzuständigkeit ist, dass sich der Staat dann und wann tüchtig überhebt und versucht, Entwicklungen zu korrigieren, die nichtintendierte Konsequenzen nach sich ziehen. Am Ende steht dann manchmal wie im Bilderbuch eine grandiose Verschlimmbesserung. Aber den Anspruch auf politische Steuerung darf man sich deswegen nicht aus der Hand nehmen lassen. Privatisierungen etwa im Gesundheitswesen oder im Transportsektor belegen doch, dass da die Qualität oft abnimmt. Gleiches gilt etwa für die Privatisierungen im Postbereich.

WOLFFSOHN: Nun, die Welt ist schlecht, aber nie war sie so gut wie heute. Und das gilt auch in Bezug auf das

Zustellungswesen, das eben pluralisiert wurde und Wettbewerb ermöglicht. Wir erhalten innerhalb kürzester Zeit beispielsweise von Amazon geliefert, wofür die Post früher eine Woche gebraucht hat. Dass der staatliche Gesundheitsdienst dem privaten überlegen wäre, ist ohnehin Legende. Bitte mehr Empirie. Wunschdenken ist als Steuerungsinstrument vortrefflich, aber zur Analyse denkbar ungeeignet. Ich bin Empiriker, und bei der Analyse der Wirklichkeit versuche ich deren Wirklichkeit zu erkennen und zu benennen, auch, um sie gegebenenfalls zu verbessern.

BINGENER: *Noch nicht beantwortet ist meine Frage nach einem möglichen Zusammenhang von Populismus und Staatstätigkeit. Könnte ein starker Staat nicht möglicherweise gerade von der Mittelschicht, die Sie ja stärken wollen, als Drangsalierung empfunden werden?*

BRÖNING: Kommt drauf an. Wenn er sich in Fragen einmischt, die ihn nichts angehen, sicher. Wenn er das Versprechen einer wirklichen sozialen Absicherung wieder ernsthaft garantieren kann, bin ich da weniger in Sorge. Im Gegenteil, die Umfragen zumindest sind da ziemlich eindeutig: Die Menschen wollen einen aktiven Staat. Eine Forsa-Bürgerbefragung vom 30. August 2018 stellt fest, dass 79 Prozent der Deutschen einen starken Staat befürworten, der sie vor den ausufernden Entwicklungen einer globalisierten Gesellschaft schützen soll. Eine Ursache der aktuellen populistischen Revolte ist doch das Versagen des Staates, einige zentrale Ursachen von Verunsicherung anzugehen. Die Politik muss sich jetzt zusammenreißen und diese Probleme lösen.

WOLFFSOHN: Aber wollen Sie jetzt, ausgehend von den Umfragen, nur reagieren? Reagieren ist nicht Steuern. Steuern heißt Agieren.

BRÖNING: Agieren bedeutet, dass demokratisch gewählte Politiker auf formulierte Politikpräferenzen reagieren. Das ist ihre Aufgabe.

BINGENER: *Aber das ist ja gerade der Clou, wie Sozialdemokraten im Moment über den starken Staat reden. Sie übernehmen den Wunsch der Bürger nach einem starken Staat, die damit aber in erster Linie innere Sicherheit verbinden, und erweitern ihn um soziale Sicherheit. Und dann leitet man zig Milliarden Euro mehr in die Rentenkasse für die Rente mit 63 und einige Milliarden an die Bundesanstalt für Arbeit für mehr Arbeitsbeschaffungsmaßnahmen und, und, und. Darum noch einmal die Frage: Wohin führt das in zehn, zwanzig Jahren? Wird das Maß an Unsicherheit nicht weiter steigen, falls diese Strategie nicht aufgeht und man dann auf einem Berg von Schulden sitzt, einer extrem hohen Sozialstaatsquote und einem möglicherweise niedrigen Wirtschaftswachstum? Ist das wirklich das Mittel gegen Populismus, oder ist es nicht eine Arznei, die in sieben Tagen die Krankheit umso heftiger ausbrechen lässt?*

BRÖNING: Es geht mir nicht darum, Wundpflaster aus Euroscheinen zu basteln und die auf die Sorgen der Menschen zu kleben. Aber es ist auch offensichtlich, dass viele Menschen erheblicher ökonomischer und sozialer Unsicherheit ausgesetzt sind und befürchten, dass ihnen gesellschaftlicher Abstieg droht. Und das ist in vielen Fällen leider realistisch. Darauf politisch zu antworten, halte ich nicht für Prinzipienlosigkeit, sondern für verantwortungsvolle Politik. Wenn das bedeutet, dass wir Geld in Infrastruktur, Bildung und Polizeibeamte investieren, selbst wenn die Staatsverschuldung in schlechten Jahren dadurch steigt, halte ich das für absolut vertretbar. Progressive Politik sollte bereit sein, solche Investitionen vorzunehmen. Es ja nicht meine Aufgabe, den Sozialdemokraten vorzuschreiben, was sie tun sollen, aber ihre aktuellen Überlegungen halte ich für eine plausible linke und sozial verantwortliche Politik.

WOLFFSOHN: Hier und heute vielleicht, aber Sie müssen ja irgendwann Schulden zurückbezahlen. Am Ende, im Worst Case, haben Sie den Staatsbankrott, und dann sieht es ziemlich finster aus. Hier muss man schon in die Zukunft denken. Im Grunde genommen ist Ihre Ansicht, Herr Bröning, nur kurzfristig überzeugend. Sie denken in altkeynesianischer Manier: dass durch antizyklische Steuerung die wirtschaftliche Genese vorangetrieben wird. An der empirischen Wahrheit dieser Vorstellung gibt es inzwischen bekanntlich erhebliche Zweifel. Es lebe die Empirie. Wieder einmal.

Wir haben ja schon sehr viel in Infrastruktur und Bildung investiert. Wenn wir uns aber die Ergebnisse ansehen, stellen wir fest, dass deren Qualität fraglich ist. Wenn Sie mit Leuten aus der Wirtschaft sprechen, hören Sie allerorten – was ich auch aus meiner eigenen Dozentenerfahrung bestätigen kann –, dass die heute inflationäre Bescheinigung des Abiturs nicht unbedingt eine bessere Bildung bedeutet. Das können wir bis zu den Noteninflationen der BA-Abschlüsse, Magister und so weiter bis hin zur Promotion verfolgen. Die Inflation der Benotung »sehr gut« ist Augenwischerei, man kann auch sagen: Betrug.

Investition in Bildung ist ein ganz natürlicher wirtschaftlicher Vorgang. Die Investition von heute ist der Nutzen von morgen. Fürs Individuum und fürs Kollektiv. Über die Inhalte kann man streiten. Das ist Teil der offenen Gesellschaft. Aber soll der Staat, sollen Apparatschiks entscheiden, was für uns gut und richtig ist? Das wäre die totale Entmündigung. Ich mache da nicht mit. Um es mit einem Bild aus der Immobilienwirtschaft zu sagen: Wenn Sie den Wert einer Anlage erhalten wollen, müssen Sie auch Instandsetzungen vornehmen, da reicht nicht eine einmalige Modernisierung. Aber das muss im Gleichgewicht bleiben mit den Gefahren einer Darlehensaufnahme, die eben zurückgezahlt werden muss, oft nicht zuletzt von kommenden Generationen. Wenn ich einen momentanen Brand auf Kosten späterer Generationen lösche, ist das schlicht und ergreifend unverantwortlich.

BRÖNING: Da kommen wir wohl nicht zusammen. Es ist doch keine unverantwortliche Politik, wenn man der nachfolgenden Generation ein intaktes Straßen- und Brückensystem hinterlässt! Ich finde auch den Hinweis, Schulden müssen zurückgezahlt werden, so richtig wie banal. Wenn Sie sich die Bildungsinvestitionen anschauen, so zeichnet sich Deutschland ja eben gerade nicht durch zu großes Engagement aus. Nehmen wir die Bildungsvergleichsstudien der OECD. Da befinden wir uns ja oft nicht einmal im Mittelfeld. Ich will sicher keiner fiskalischen Verantwortungslosigkeit das Wort reden, aber wir müssen Geld in die Hand nehmen, um vernünftige Zukunftsinvestitionen vorzunehmen. Und das sollten wir auch den südeuropäischen EU-Mitgliedsstaaten erlauben.

BINGENER: *Herr Wolffsohn, nun muss ich an Sie eine kritische Rückfrage richten: Historisch betrachtet, steigt die Staatsquote beständig. Die Regelungstiefe des Staates nimmt, wenn man sich die Entwicklung seit der frühneuzeitlichen Staatenbildung anschaut, geradezu inflationär und seit der Nachkriegszeit noch einmal beschleunigt zu. Was spricht gegen die Annahme, dass dies auch weiterhin der Fall sein wird? Vielleicht liegt es in der Natur von Staaten, mehr Geld auszugeben und mehr zu regeln.*

WOLFFSOHN: So ist es. Aber muss ich das auch noch gut finden? Zu Ende gedacht führt das zur Entmündigung des Bürgers. Ich akzeptiere den Staat, also Politiker und Bürokratie, nicht als Erzieher. Das ist unmenschlich im Namen der Menschheit oder zumindest des Menschlichen. Zudem ist es ein Widerspruch zum Modell, dem Leitbild der offenen Gesellschaft.

Herr Bröning nimmt den normativen Standpunkt ein und sagt: Ich will mehr Staat. Ja, die Staatstätigkeit hat sich dramatisch erweitert. Ich halte das für keine gute Entwicklung, zumal dabei noch kein Ende abzusehen ist. Natürlich ist die Steuerungsnotwendigkeit unbestreitbar. Je größer und arbeitsteiliger die Gesellschaft ist, desto notwendiger ihre Steuerung. Andererseits geht dadurch natürlich enorm viel Freiheit verloren, weil staatliche Steuerung letztlich politisch ideologische Steuerung bedeutet. Und die ist durch die jeweilige Mehrheit vorgegeben. Das wiederum führt dazu, dass Minderheitenvorstellungen nicht gleichermaßen zur Geltung kommen. Deswegen bin ich für ein Gleichgewicht zwischen der Förderung individueller Initiativen, sozusagen im klassischen kapitalistischen oder marktwirtschaftlichen Sinne, und der staatlichen

Gegensteuerung, um Auswüchse, die wir beispielsweise aus dem Manchester-Liberalismus kennen, zu korrigieren. Aber die generelle Entwicklung hin zu immer mehr Staat halte ich für höchst bedenklich.

BRÖNING: Gleichgewichte sind immer gut: Einverstanden. Aber die grundsätzliche Skepsis gegenüber staatlicher Regelung halte ich für wenig überzeugend. Um noch einmal herauszuzoomen: Gerade im internationalen Vergleich zeigt sich doch, dass die Menschen auf diesem Planeten das Konzept Staat zu schätzen wissen. Weshalb wollen denn vierzig Prozent der erwachsenen Bevölkerung in Westafrika in die, wie Sie sagen, so unattraktiven, völlig überregelten, übersteuerten, unattraktiven Staatsmodelle Europas migrieren? So richtig unattraktiv scheint das ja nicht zu sein.

WOLFFSOHN: Moment, wir reden ja nicht vom Standard in Gambia, sondern von Deutschland.

BINGENER: *Besteht bei immer weiter steigender Funktionsübernahme des Staates nicht die Gefahr, dass der Staat sich ideologisch und praktisch, ja geradezu pseudoreligiös, die Oberhoheit aneignet?*

WOLFFSOHN: Genau. Das hat jede Autorität an sich, daher brauchen wir Kontrolle von Macht. Wir müssen in einer freiheitlichen Gesellschaft ganz viele Nischen bewahren. Gerade in der Bildungspolitik gibt es durch die Gründung von Privatuniversitäten eine erfreuliche Entwicklung. Und das gilt für Privatschulen genauso. Warum? Weil ganz eindeutig der Bedarf nicht gedeckt wird durch das staatliche Angebot. Und ganz abgesehen davon gehört es zu einer pluralistischen Gesellschaft, dass man auch ein plurales Bildungsangebot hat, einschließlich und nicht zuletzt durch konfessionelle Schulen. Wobei natürlich klar definiert werden muss, wo die Grenzen sind. Generell ist beispielsweise nichts gegen islamische Schulen zu sagen, da es auch jüdische und christliche gibt. Aber es muss eine gewisse Überwachung gewährleistet sein im Sinne des funktionalen Konsenses.

Der demokratische Staat heißt Mehrheitsherrschaft. Aber zur Demokratie und zur Freiheit gehört immer auch der Minderheitenschutz. Je mehr Staat ich habe, sprich die Herrschaft der Mehrheit, läuft die Minderheit immer strukturell Gefahr, nicht genügend berücksichtigt zu werden. Das ist mein ganz aus der Theorie abgeleiteter, in der Empirie aber immer wieder festzustellender Befund.

BRÖNING: Das wusste schon Rosa Luxemburg. Nischen müssen wir bewahren. Ich will sicher keinen absolutistischen Staat, der sich in Dinge einmischt, in denen er nichts zu suchen hat. Da sollten wir subsidiär denken. Sprich: Der Staat soll sich nur da einbringen, wo er wirklich gebraucht wird. Und manchmal wird er eben auch nicht gebraucht. Wie im Grundgesetz festgelegt, müssen wir darauf bestehen, dass der Staat auf bestimmte Bereiche beschränkt ist und dass Minderheitenrechte verteidigt werden. Das ist unstrittig. Die strukturelle Gefahr der Diktatur der Mehrheit, auf die Sie anspielen, lieber Herr Wolffsohn, ist ja real. Doch zumindest derzeit scheinen wir sie im Griff zu haben. Die Leipziger Autoritarismus-Studie 2018 hat die Menschen in Deutschland befragt, ob nicht unter bestimmten Umständen die Diktatur eine bessere Staatsform sein könnte. Nur 1,4 Prozent stimmen dem voll und ganz zu. Das sind noch immer 1,4 Prozent zu viel, aber das ist nur eines von vielen Belegen dafür, dass vom Staat zumindest an den meisten Orten der Welt derzeit nicht die größte Bedrohung von Selbstbestimmung und Gerechtigkeit ausgeht. Das Problem ist vielerorts eher zu wenig Staat. Selbstverständlich will niemand zurück in die Zeiten eines unkritischen Hurra-Patriotismus oder stalinistischen Staatsfetischismus. Aber ich glaube, davon sind wir glücklicherweise ziemlich weit entfernt.

WOLFFSOHN: Aber man muss immer mitdenken, welche strukturelle Entwicklungen man in Gang setzt. Ein Beispiel: Sicher würden achtzig bis neunzig Prozent mit Blick auf die innere Sicherheit dafür plädieren, dass der Staat hier »Flagge zeigen« und stark sein muss. Die Linke hingegen, für die Sie, Herr Bröning, natürlich nicht verantwortlich sind, ist eher der Meinung, dass Polizisten, also das Exekutivorgan des Staates, Schweine oder Bullen sind. So kann das Gewaltmonopol zugunsten der inneren Sicherheit nicht aufrechterhalten werden. Doch wir beide haben – wie so oft – gar keinen Dissens in Bezug auf das strategische Ziel. Wir haben nur in Bezug auf die operativen Instrumente Meinungsverschiedenheiten.

BINGENER: *Kommen wir nun zu den Grenzen des Staates im wörtlichen Sinn. In den vergangenen Jahren, 2015/2016 vor allem, gab es parteiübergreifend die Behauptung, Grenzen könnten nicht geschützt werden. Sie beschaftigen sich beide mit nationaler und internationaler Politik, auch im historischen Vergleich. Ist das plausibel?*

WOLFFSOHN: Die Behauptung, dass Grenzen nicht zu sichern sind, kommt fast schon einer Volksverdummung gleich. Natürlich kann man Staatsgrenzen schützen. Die Frage ist, ob und wie man das will und wem gegenüber man die Staatsgrenzen schützen will. Darüber ist zu diskutieren, aber der Gesellschaft vorzugaukeln, es sei unmöglich, Grenzen zu sichern, ist schlicht und ergreifend inakzeptabel.

BRÖNING: Das sehe ich ähnlich.

BINGENER: *Es geht also um die Frage, wie das staatliche Regime an den Grenzen aussehen soll. Wo soll der Schlagbaum stehen: Wieder an den nationalen Grenzen? An den Grenzen des Schengenraums oder den Grenzen der EU? Und wie sollen die Grenzen operativ gesichert werden?*

BRÖNING: Das kommt darauf an, von welchen Grenzen wir sprechen und wer oder was gestoppt werden soll. 2015 haben die Bundeskanzlerin und ihr Finanzminister Grenzen an sich für mehr oder weniger illusorisch erklärt. Wolfgang Schäuble meinte ja relativ einsilbig, dies sei nun halt das deutsche Rendezvous mit der Globalisierung, da könne man nun leider nichts machen. Konkret auf Grenzen bezogen müssen wir aus meiner Sicht daher neu zu der realistischen Einschätzung gelangen, dass Grenzen per se nicht unmoralisch sind. Wer die Gegenposition durchargumentieren möchte, soll mir bitte erklären, wie wir ein umlagefinanziertes Sozialsystem unter Bedingungen ungeregelten Zuzugs aufrechterhalten wollen. Nein, wer den Sozialstaat absichern oder sogar ausbauen will, kommt am Konzept einer Grenzziehung nicht vorbei. Eine regelbasierte

Abgrenzung nach außen ist der Preis für soziale Teilhabe nach innen. Daher sollte man davon wegkommen, jede Art von Grenze als per se moralisch falsch zu begreifen. Es kommt eben darauf an, wie diese Grenze definiert ist und wer sie wann durchschreiten kann. Das Bekenntnis zum Konzept von Grenzziehung an sich ist ja kein Plädoyer für die Abwesenheit von Türen und Toren.

BINGENER: *Ist an diesem Punkt eine selbstkritische Reflexion auf Seiten der Linken im Gange? – Allerdings wurde diese Behauptung auch von Teilen der CDU unterstützt.*

BRÖNING: Nur zum Teil? Die Entwicklung 2015 war nun wirklich keine Konsequenz linker Politik. Die damalige Bundesarbeitsministerin Andrea Nahles warnte schon im September 2015 vor unrealistischem Optimismus und vor unguten Auswirkungen auf die Arbeitslosenstatistik. Es war doch die Bundeskanzlerin, die erklärte, es liege nicht in ihrer Macht – und nicht in der Macht irgendeines Menschen in Deutschland – zu bestimmen, wie viele Menschen ins Land kommen. Tatsache ist ja aber nun auch, dass die Entwicklung seit 2015 die Fragwürdigkeit dieser Aussage ziemlich eindeutig belegt. Die Komplexität des Themas lässt sich übrigens recht gut am Beispiel Israel darstellen. Das Land hatte 2012 ein erhebliches Problem mit rund zehntausend illegalen Grenzübertritten aus afrikanischen Staaten über die Sinaihalbinsel. Nach der Fertigstellung einer 250 Kilometer langen Sperranlage von Rafah nach Eilat am Roten Meer ging diese Zahl auf 34 Personen im ersten Halbjahr 2013 zurück. Damit hängen schwierige moralische Fragen zusammen. Aber wir sollten so ehrlich sein und nicht so tun, als ob Grenzen an sich ihre Effektivität eingebüßt hätten und im 21. Jahrhundert schlicht unwirksam seien. Die Empirie legt hier eine andere Sicht nahe.

WOLFFSOHN: Der Strom ist dann von Israel, das geografisch näher an Eritrea, Äthiopien und dem Sudan liegt als Europa, nach Europa ausgewichen. Trotzdem ist Israel ein konkretes Beispiel dafür – ob es einem gefällt oder nicht –, dass man Migration durch Grenzen steuern kann. In den letzten Jahren kamen kaum noch Flüchtlinge aus anderen afrikanischen Ländern nach Israel. Sie gingen lieber nach Deutschland, weil hier die Aufnahmebereitschaft und -fähigkeit größer war. Auf der anderen Seite, ich bin ja nun der Älteste in dieser Runde und darum noch grenzerfahren, genieße ich die Grenzfreiheit jedes Mal, wenn ich von Bayern nach Österreich fahre, nach Frankreich, nach England oder nach Polen. Es ist fantastisch.

Die Grenzfrage ist eben ein sehr dialektisches Problem. Einerseits sind offene Grenzen ein Segen, andererseits sind sie ein Fluch. Offene Grenzen konfrontieren uns mit der Frage: Wer soll kommen? Hier ist, und das würde ich wirklich sagen, ohne mit der Migrationspolitik der Bundeskanzlerin übereinzustimmen, der humanitäre Imperativ unverzichtbar. Da sind wir uns völlig einig. Nur ist die Frage, wer soll von dieser Humanität profitieren? Die ganze Humanitas, also die ganze Menschheit? Das ist vollkommen unmöglich. Menschen in unmittelbarer Not, die jedoch klar zu definieren wäre, müssen selbstverständlich weiterhin kommen dürfen. Aber geben wir ihnen ein dauerhaftes Bleiberecht oder nur eine vorübergehende Unterkunft? Und was machen wir mit denen, die »nur« ein besseres

Leben haben möchten, ohne dass Leib und Leben in Gefahr sind? Wirklich klar ist nur: Menschen, die wegen ihrer politischen oder religiösen Überzeugungen politisches Asyl benötigen, sind selbstverständlich aufzunehmen.

BINGENER: *Ohne jede Obergrenze?*

WOLFFSOHN: Selbstverständlich.

BINGENER: *Dann aber mit der Option auf Rückkehr?*

WOLFFSOHN: Ja, auf absehbare Zeit. Flüchtlinge sind eben etwas anderes als Einwanderer oder Wirtschaftsmigranten. Und erst recht etwas anderes als eine Ausgangsbasis suchende Terroristen. Das wird hierzulande meistens weder gedanklich noch gar begrifflich unterschieden. Dieser Unterschied ist aber entscheidend.

BINGENER: *Manche sagen, die, die gekommen sind, werden nicht wieder gehen.*

WOLFFSOHN: Das wird immer wieder behauptet, ist aber völlig ahistorisch. Ich stamme ja aus einer Familie mit Exilerfahrung. Zunächst: Menschen, die wirklich in Not sind und ihre Heimat verlassen, tun das nicht freiwillig. Und sobald sie zurückkönnen, gehen sie zumeist auch gerne zurück. In meiner Familie ist die Frage nach der Rückkehr ganz unterschiedlich beantwortet worden. Können wir nach Deutschland zurück? Das war die Frage meiner Eltern und Großeltern. Meine Großeltern mütterlicherseits haben Deutschland trotz allem gern besucht, blieben jedoch in Israel. Meine Großeltern väterlicherseits kamen zurück, weil sie sich zurückerkämpfen wollten, was ihnen geraubt worden war, und sie Deutschland als ihr Land ansahen. Punkt. Welche Antwort ist richtig? Jede ist nachvollziehbar, aber im Prinzip gilt: Die Mehrheit derer, die aus ihrer Heimat fliehen müssen, möchten – wenn irgend möglich – zurück. Sie auf Dauer im Land halten zu wollen, käme einer pseudohumanistischen Entmündigung gleich. Außerdem ist es eine Form des Neokolonialismus. Wir rauben den armen Regionen dieser Welt die meistens Tüchtigsten aus diesen Gegenden. Und das unter dem Deckmantel der Mitmenschlichkeit. Verlogener geht es kaum. Lügen mit zu Unrecht gutem Gewissen.

BINGENER: *Herr Bröning, der Ruf nach der »Festung Europa« erklingt bisher vorwiegend auf rechtsextremen Kundgebungen. Ist es eine abwegige Annahme, dass diese Forderung das künftige Grenzregime der EU womöglich treffend beschreibt?*

BRÖNING: Der Begriff »Festung Europa« geht auf Joseph Goebbels zurück. Ich finde ihn deshalb völlig ungeeignet. Gleichzeitig ist aber auch klar, dass europäische Politik ungebremste Migration aus einer Vielzahl von Gründen nicht hinnehmen kann. Da geht es nicht nur um die Interessen der entsendenden Staaten, sondern auch um die der aufnehmenden Staaten, die der migrierenden Menschen und um die Steuerungsfähigkeit von Politik insgesamt. Die Antwort auf die Herausforderung Migration kann sicher nicht in nationalem Egoismus in Reinform liegen. Sie muss sich schon um einen Ausgleich verschiedener Interessen bemühen. Da kommen wir mit dem Bild einer »Festung Europa« und dem vermeintlich irrelevanten und bedrohlichen Rest nicht weiter, eher mit dem Bild eines sicheren Hafens. Wir brauchen eine politische Antwort auf strukturellen Migrationsdruck. Hier gibt es ja durchaus neue interessante Konzepte. Der Ökonom Branko Milanović schlägt etwa vor, stärker in den Begriffen zirkulärer und temporärer Migration zu denken. Temporär heißt dann, ich migriere für einige Jahre, kann genug Geld verdienen, um mir vielleicht zu Hause eine Existenz aufzubauen, und kehre dann zurück. Ein solcher Vorschlag verdient Beachtung. Zumal wir aus länger zurückliegenden Migrationsbewegungen ja wissen, dass nicht wenigen Menschen diese Rückkehr in ihre alte Heimat gegen Ende ihres Arbeitslebens wertvoll erscheint.

WOLFFSOHN: Sie wollen zum Sterben zurückkehren.

BRÖNING: Das sehen wir in der deutsch-türkischen Gemeinschaft in Deutschland gar nicht so selten. Ich würde da jetzt nicht zu viel hineininterpretieren und auch keine allgemeinen Trends davon ableiten wollen, aber unsere Antworten sollten fantasievoller werden als »Grenzen auf« oder »Grenzen zu«. Für wirklich gute Lösungen brauchen wir andere Konzepte.

BINGENER: *Noch einmal die Frage: Wird auf dem Mittelmeer künftig bewaffneter Grenzschutz stattfinden, der noch vor fünf Jahren parteiübergreifend als unmöglich und unmenschlich angesehen wurde, und werden die Grenzstationen an Land künftig aussehen, wie man sie heute schon von manchen Abschnitten zwischen Mexiko und den Vereinigten Staaten kennt?*

BRÖNING: Existieren diese Grenzen nicht schon heute? Denken sie an die spanischen Enklaven in Nordafrika. Entscheidend ist aber nicht die Logistik, sondern die Wirksamkeit von Begrenzung und das humanitäre Verantwortungsbewusstsein. Hier brauchen wir eine Vielzahl von Instrumenten, Kooperationen mit den entsendenden Staaten und mit den Transitländern. Aber natürlich, wenn Sie mich fragen, ob Grenzen ihre Funktion als Begrenzung wahrnehmen sollen, ist die Antwort: Genau das erwarten die Bürgerinnen und Bürger in den Ländern Europas von der Politik ganz augenscheinlich. Nur dürfen Grenzen eben nicht unsere einzige Antwort auf die Herausforderung Migration sein. Das wäre nun wirklich politisch und moralisch zu kurz gesprungen. Und: Flucht vor politischer oder religiöser Verfolgung, wie in der Genfer Flüchtlingskonvention definiert, muss natürlich weiterhin möglich sein.

WOLFFSOHN: Solche Grenzen werden mit Sicherheit kommen. Das bedeutet für die Herkunftsländer der bisherigen Migranten, dass sie sich konzentrieren müssen auf eine Neustrukturierung ihrer nicht funktionierenden Staaten. Dass wir dabei – nicht nur im eigenen Interesse – die Pflicht haben zu helfen, versteht sich von selbst, aber das ist ein anderes Thema. Wir befinden uns momentan in einer Übergangsphase, die gekennzeichnet ist durch eine Vermischung von Flüchtlingsgruppen. Wir haben es mit Menschen in schlimmster Not zu tun und solchen, die hier und heute ein besseres Leben suchen. Beiden Gruppen gleichzeitig können wir nicht helfen. Das heißt, wir müssen Prioritäten setzen. Und das heißt, wie lange auch immer, die Grenzen zu schützen, und zwar möglichst auf europäischer Ebene; realistischerweise aber selbst. Das ist vor allem für

Deutschland wichtig, weil es bekanntlich in der Mitte Europas liegt.

Aber zurück zur Frage: Wem sollen wir unsere Grenzen öffnen? Wir brauchen aus demografischen und ökonomischen Gründen sehr wohl Zuzug – unabhängig von der Not derer, die kommen wollen. Meiner Meinung nach haben wir dabei durchaus die moralische Berechtigung zu sagen: Wir brauchen zum Funktionieren unseres Staates die und die Eigenschaftsträger. Freilich ist auch hier Vorsicht geboten. Nochmals: Wir können nicht einfach Bestqualifizierte aus anderen Staaten zum Auswandern bewegen, ohne daran zu denken, dass diese Menschen in ihrer Heimat auch gebraucht werden. Solche Rücksichtslosigkeit halte ich bei der Diskussion über unser Einwanderungsgesetz für eine postkolonialistische oder neokolonialistische Variante. Der Gipfel ist, das noch als Akt der Menschlichkeit zu verkaufen.

BRÖNING: Sie, Herr Wolffsohn, sagen, Hilfe sei ein anderes Thema. Ich weiß, Sie meinen das nicht so. Aber meiner Ansicht nach ist Nothilfe kein anderes Thema. Wenn wir auf dem Einhalten des Grenzregimes bestehen, müssen wir im gleichen Atemzug die Verantwortung dafür übernehmen, etwa das Welthandelssystem so auszugestalten, dass tatsächlich wirtschaftliche Teilhabe der armen Regionen dieser Welt möglich ist. Da haben sich die westlichen Staaten nicht immer mit Ruhm bekleckert. Hier gibt es zentrale Stellschrauben, an denen wir politisch aktiv werden müssen. Erst dann kommen wir zu einer Migrationspolitik, die humanitär vertretbar ist, weil sie sich letztlich an einem Dreiklang orientiert: Wir wollen erstens Migration begrenzen, zweitens in unserem eigenen Interesse und im Interesse der Entsendestaaten ihre Vorteile nutzen und drittens humanitäre Verantwortung übernehmen, die über milde Gaben hinausgeht und systemische Veränderungen zulässt. Diese drei Dinge gemeinsam anzugehen, halte ich für eine auch ethisch verantwortungsvolle Politik.

WOLFFSOHN: Das wäre im Grunde genommen eine Investition im eigenen Interesse. Ist mir aber, so formuliert, viel zu wolkig.

BRÖNING: Ja, Prinzipien sind manchmal wolkig. Eine Politik, die die eigenen Interessen ignoriert, wird jedoch alles sein, nur nicht von langer Dauer.

BINGENER: *Das klingt alles gut, aber wo soll denn nun die europäische Grenze Ihrer Meinung nach verlaufen? Wenn ich Sie richtig verstanden habe, sind Sie beide gegen nationale Grenzen. Es gab den Satz: Wenn Schengen scheitert, scheitert Europa. Soll also der Schengenraum die Grenze bilden oder die EU-Außengrenze oder wie sonst?*

WOLFFSOHN: Die neuralgischen geografischen Punkte der EU sind die Mittelmeerländer: also Spanien, Portugal bis hin zur Türkei, die kein EU-Mitglied ist, Griechenland und Italien. Kurzum: Wir kommen gar nicht daran vorbei, dass die Grenzsicherung eine EU-Aufgabe ist.

5. Völker, Nationen, Minderheiten

BINGENER: *Der französische Historiker Ernest Renan definierte im 19. Jahrhundert Nation als »eine große Solidargemeinschaft, die durch das Gefühl für die Opfer gebildet wird, die erbracht wurden und die man noch zu erbringen bereit ist«. Ist das aus Ihrer Sicht eine tragfähige Definition von Nation?*

WOLFFSOHN: Der Opfergedanke ist mir zutiefst zuwider. Das kann nicht das konstituierende Merkmal einer Nation sein. Eine Nation ist eine Lebensgemeinschaft, keine Sterbegemeinschaft. Tatsächlich ist eine Nation natürlich auch eine Schicksalsgemeinschaft. Doch diesen Gedanken bis hin zur Sterbegemeinschaft auszuweiten, halte ich heute für völlig inakzeptabel. Ihr Zitat, Herr Bingener, stammt aus der heute berühmten Renan-Rede aus dem Jahre 1882. Sein martialischer Gedanke war vor dem Hintergrund des deutsch-französischen Krieges vielleicht verständlich. Aber heute? Nein danke.

Viel ergiebiger ist meines Erachtens die Vorstellung des aus Böhmen stammenden und nach Amerika emigrierten Sozial- und Politikwissenschaftlers Karl W. Deutsch, der Nation als »Kommunikationsgemeinschaft« versteht. Er zeigt anhand verschiedener Indikatoren, dass etwa die sprachliche, die mediale Kommunikation innerhalb einer Nation intensiver ist als mit fremden Nationen. Er betrachtet das praktisch anhand aller Kommunikationselemente. Ich halte das für eine gute Definition, weil sie objektivierbar, also definierbar und empirisch nachweisbar ist- Das Gefühl des Gemeinsamen ist hingegen eine Fiktion und Ergebnis von Manipulation.

BRÖNING: Von Karl W. Deutsch finde ich eher seine Aussage beachtenswert, dass die Nation auf einem gemeinsamen Irrtum hinsichtlich der eigenen Abstammung beruhe und auf einer gemeinsamen Abneigungen gegen die Nachbarn. Damit verweist er pointiert auf zwei wichtige Punkte. Zunächst auf den, dass Nation immer etwas Konstruiertes ist. Ich finde, wir sollten das ernst nehmen, denn dann wird auch klar, dass wir dieses Konstrukt Nation positiv so gestalten können, wie wir das politisch für hilfreich erachten. Das ist eine Chance. Zweitens aber verweist Deutsch auf das spaltende Potenzial, das der Nation zumindest auch innewohnt. Mit dem Opferdiskurs »Nation als Altar der Patria«, wo der Einzelne sich für das große Ganze überwindet, kann ich genauso wenig anfangen wie Sie, Herr Wolffsohn. Es sei denn, wir begreifen die Idee des Opfers ganz konkret als Bekenntnis zu Solidarität. Wenn wir das akzeptieren, dann müssen wir auch bereit sein, etwas abzugeben. Zum Beispiel in Form von Steuern. In Deutschland haben wir heute einen Spitzensteuersatz von 42 Prozent. Der war zwar in der Vergangenheit auch schon viel höher, aber ein zumindest finanzielles Opfer ist das zweifellos. Diese vermeintlich selbstverständliche Tatsache, dass Menschen eingebettet in den Nationalstaat bereit sind, finanzielle Beiträge in dieser Höhe zu leisten, ist ja objektiv betrachtet durchaus verblüffend. Wir existieren ja in verschiedenen Solidaritätsgemeinschaften: in der Familie, in unserem Heimatland, in Europa, in der Welt – und auf all diesen Ebenen findet Solidarität statt und auch ein gewisses Maß an Umverteilung. Allerdings in ganz unterschiedlichem Ausmaß. In der Familie sind fast alle Menschen bereit, sich gegenseitig ziemlich substanziell finanziell zu unterstützen, in Europa tragen wir in einem gewissen Rahmen Umverteilung mit – Schätzungen zufolge wird weniger als ein Prozent des BIPs innereuropäisch umverteilt. Und auf globaler Ebene ist die Bereitschaft zur Umverteilung mit etwa 0,7 Prozent des BIP als Zielmarke für Entwicklungszusammenarbeit noch geringer ausgeprägt. Auf nationaler Ebene aber sind dies, wie gesagt, bis zu 42 Prozent. Zumindest routinierte Solidarität hat also tatsächlich ein Zuhause – den Staat.

WOLFFSOHN: Ja, aber, so gesehen, ist der Staat hier letztlich eine Zwangsgemeinschaft, für die man auch noch bezahlen muss ... ja, wofür eigentlich genau? Für die Sicherheit, die der Staat einem zu geben hat. Das ist bekanntlich die erste Aufgabe des Staates. Hinzu kommt die wirtschaftliche Versorgung, für die man koordinierende Einrichtungen braucht. Diese koordinierende Stelle heißt Staat, und dafür muss man etwas bezahlen. Das ist auch im Familienleben so. Es gibt Aufgaben, die nicht immer sehr erfreulich sind – bis hin zum Leeren des Mülleimers. Aber in der Familie hat man eben sehr viel an Seelischem und auch an Materiellem als Gegenleistung. Es ist letztlich ein Geben und Nehmen. Und da es im Leben nichts umsonst gibt, ist der Preis, den der Staat fordert, letztlich die staatliche Zwangsabgabe, die Steuer, bis hin zur Opferung des eigenen Lebens, die ja nicht freiwillig erfolgt, sondern im Sinne einer Zwangsgemeinschaft, denn abgesehen von historischen Einzelfällen, hat sich zum Sterben keiner freiwillig gemeldet.

BINGENER: *Die Nation ist also eine finanziell extrem wirkmächtige Imagination.*

WOLFFSOHN: Der Staat wird gleichgesetzt mit der Nation. Beides ist eben nicht deckungsgleich. Der Staat ist eine administrative Einheit. Die Nation, also der demografische Kern des Staates, hat sich im Laufe der Geschichte völlig verändert. Zunächst einmal ist es die Geburtsraumgemeinschaft, in die man zufällig hineingeboren wird. Ich kann allerdings nicht Staatsbürger sein, ohne meist funktional, manchmal auch emotional, seiner Nation als Teil der betreffenden Kommunikationsgemeinschaft anzugehören. In der Antike gab es beispielsweise die Metöken. Die Fremden waren zwar Einwohner, aber sie waren nicht Bürger. Sie gehörten zur Polis-»Nation«, aber waren nicht Teil des Staates. Sie waren dort Objekte des Staates, nicht Subjekte des Staates, also keine Bürger, nur Einwohner. Sie gehörten nicht zur Nation, in die man hineingeboren wurde und in der man qua Geburt auch Mitbestimmungsrechte hatte. Es gab also auch hier schon eine klare Unterscheidung zwischen Nation und Staat.

BINGENER: *Aber wenn man möchte, dass Leute, die sich einer Nation zugehörig fühlen, Steuern an einen Staat zahlen, muss es ja starke Berührungspunkte zwischen Nation und Staat geben.*

BRÖNING: Eben. Die Politikwissenschaft ringt schon seit hundert Jahren damit, die Begriffe Nation, Staat und Volk zu definieren. Ein Stück weit ist das müßig, weil akademische Definitionen politisch nur begrenzt weiterhelfen. Gleichzeitig ist klar, dass die allermeisten Menschen an den allermeisten Orten allermeistens eine relativ klare Arbeitsdefinition davon haben, was sie unter Staat und unter Nation verstehen. Als Ausgangspunkt sollten wir, denke ich, das sozialwissenschaftlich überzeugend vorgebrachte Argument ernst nehmen, dass Nationen konstruiert sind. Dieses Eingeständnis ist aber eben kein Beweis für die Bedeutungslosigkeit der Nation. Im Gegenteil. Auch eine Konstruktion kann ja wirksam sein, und sei es als Placebo.

Sie sprachen das Stichwort »Sicherheit« an, Herr Wolffsohn. Diese Sicherheit wird durch die Transformation von Nationen nicht infrage gestellt. Meines Erachtens kann man das mit dem Konzept der Sprache vergleichen: Wenn Sie versuchen, die englische Sprache als vermeintlich reines Englisch zu begreifen, und alle lateinischen und alle französischstämmigen Vokabeln aus dem Wörterbuch entfernen, dann bleibt kaum noch etwas übrig. Dennoch aber gibt es so etwas wie das Englische. Die Tatsache, dass etwas konstruiert ist und dass es von äußeren Einflüssen geprägt wird, die absorbiert und aufgenommen werden, heißt nicht, dass es nicht doch so etwas wie einen eigenen Charakter gibt.

WOLFFSOHN: Das ist ein interessanter Gedanke mit der Sprache, er überzeugt mich aber nicht. Sprache hat einen Kern, der originär und authentisch ist und sich dann erst durch diverse Einflüsse zu der im Alltag gewordenen und genutzten Sprache weiterentwickelt. Nation ist zunächst einmal gar kein Konstrukt. Das Faktum ist ganz einfach: Man wird in eine bestimmte Gemeinschaft hineingeboren, lateinisch natus sum – daher kommt der Begriff »Nation«. Das ist ein Zufallsmoment, das ist nicht konstruiert, sondern faktisch, empirisch. Die Geburtsraumgemeinschaft hat sich dann allmählich zum Staat konstituiert, weil sie örtlich beziehungsweise regional gebunden war. Wir hatten da die Deckungsgleichheit von Gesellschaft und staatlicher Institution, modern formuliert: den Nationalstaat. Tatsächlich aber gab es jenseits derer, die zur Geburtsraumgemeinschaft gehörten, immer Fremde, die zuzogen – freiwillig als Dienstleister oder erzwungen als Sklaven, aber auch Kaufleute, Söldner usw. Sie waren oder sind zunächst »die Fremden«. Die Frage ist, wie behandelt man die Fremden.

Das ist eine epochenübergreifende hochpolitische Frage – siehe Antike, Metöken. Sie wurde auch im antiken Judentum erörtert und beantwortet. Im Alten Testament, im dritten Buch Mose, heißt es zunächst: »Liebe deinen Nächsten wie dich selbst« (Levitikus 19,18). Und einige Verse später aber: »Wenn ein Fremdling bei euch wohnt in eurem Lande, den sollt ihr nicht bedrücken. Er soll bei euch wohnen wie ein Einheimischer unter euch, und du sollst ihn lieben wie dich selbst; denn ihr seid auch Fremdlinge gewesen in Ägyptenland« (Levitikus 19,33–34). Liebe den Fremden, wie dich selbst! Das heißt, dass jenseits der Geburtsraumgemeinschaft tatsächlich eine Gemeinschaft derer entstehen muss, die am selben Ort leben. Das ist die Botschaft. Aber egal, wie wir das definieren, wir müssen klar unterscheiden zwischen denen, die nur am jeweiligen Ort, genannt Staat, also in der administrativen Einheit leben, und denen, die sich auch als Teil dieser Gesellschaft betrachten. Und das ist ein hochaktuelles Problem. Manche ziehen zu uns, weil sie den deutschen Sozialstaat mit dem sprichwörtlichen Schlaraffenland verwechseln, wo die gebratenen Tauben fertig in den Mund purzeln. In der westlichen Welt haben »wir« aus guten moralischen und – machen wir uns nichts vor – funktionalen Gründen die Einwohnerschaft eines Staates XYZ zu Staatsbürgern gemacht und damit zu einem Teil der Nation. Der Nation nicht wie ursprünglich im Sinne einer Geburtsraumgemeinschaft, sondern einer Kommunikationsgemeinschaft. Auf eine Formel gebracht: Es zählt die Ethik, nicht die Ethnie. Ich finde das auch gut, aber analytisch ist dadurch der Inhalt des Begriffs »Nation« völlig verändert. Sie ist vielschichtiger, als sie einst gedacht war. Dadurch, dass man die verschiedenen Schichten aber zu einem Begriff zusammenfasst, schafft man noch lange keine Einheit. Die Vielzahl der Schichten bleibt bestehen, während der Begriff Einheit vorgaukelt. In pädagogisch löblicher Absicht vorgaukelt. Das Problem funktionaler Einheitlichkeit bzw. gesamtgesellschaftlichen Zusammenhalts bleibt trotz oder wegen der nur begrifflich parfümierenden Einheitlichkeit bestehen. Vorsicht, der Wohlgeruch dieses selbst hergestellten Wort-Parfüms könnte narkotisierend wirken, uns also handlungsunfähig machen.

BINGENER: *Gegen solche allmähliche Amalgamierungen unterschiedlicher Bevölkerungsteile stellt die »Neue Rechte« das Konzept des Ethnopluralismus. Anders als beim Rassismus wird nicht mehr die Überlegenheit einer Ethnie behauptet. Die verschiedenen Ethnien sollen koexistieren, allerdings – und das ist der Punkt – unvermischt. Die Ethnien und Kulturen sollen getrennt bleiben, damit sie »rein« bleiben.*

BRÖNING: Dieses Konzept ist abwegig, weil es so etwas wie kulturelle oder ethnische Reinheit nicht geben kann. Das Einzige, was an dieser Vorstellung rein ist, ist ihre Dummheit. Ich halte die Vorstellung, dass es so etwas gäbe wie eine ursprüngliche unverfälschte Zivilisation, die durch äußere Einflüsse verwässert würde, nicht nur für kontrafaktisch, sondern in ihrer Absurdität auch für gefährlich. Und genau das Gleiche gilt aus meiner Sicht für das Konzept Volk, ein Begriff, den sich die Neue Rechte ja zunehmend einverleibt. Volk ist mittlerweile ein absolutes Reizwort. Dabei ist der Begriff »Volk« als Konzept des Grundgesetzes eine selbstverständliche staatsrechtliche Kategorie. Gleichzeitig aber ist es mittlerweile ein Begriff, den wir in vielen Kontexten wenn überhaupt nur unter großer Vorsicht verwenden. Als ich die Anfrage bekam, an diesem Buch mitzuwirken, einem Buch, bei dem der Begriff »Volk« sogar im Titel steht, habe ich gezögert und gedacht: Naja, willst du das wirklich? Spätestens seit der Nazi-Zeit schwingt ja immer auch das Völkisch-Diskriminierende mit. Allerdings steckt noch mehr dahinter. Ich habe den Eindruck, dass der Begriff Volk immer schon auch eine anti-elitäre Dimension besessen hat. Schon die römische Volkssprache war ja eben nicht das Lateinische. Und bis ins alte Rom können wir auch die Unterscheidung von Staatsführung und Volk zurückverfolgen: Senatus Populusque Romanus (SPQR) – Senat und Volk von Rom. Das benennt einen Unterschied zwischen Beherrschten und Herrschern. Dieser Gegensatz wird erst in der Demokratie aufgelöst, in der das Volk zum Souverän wird. Abraham Lincoln hat das in Gettysburg auf die berühmte Formel gebracht, Demokratie sei »Government of the People by the People for the People«. Damit definiert er geradezu das Prinzip, an dem wir uns orientieren sollten, in dem Herrscher und Beherrschte identisch werden. Dieser Gedanke stand ja nicht zuletzt auch hinter dem Kampfruf der Demonstranten 1989 »Wir sind das Volk«.

WOLFFSOHN: Sie verzeichnen den altrömischen SPQR. Der suggerierte gerade die Einheit von Senat und Volk, verstanden als Volksversammlung. Und die war zu bestimmten Zeiten alles andere als machtlos. Zur Sache selbst: Im Modell der Volkssouveränität ist das Volk im nichtbiologischen bzw. im nichtethnischen, sondern ethischen Sinne der Souverän. Sehr schön und sympathisch. Faktisch und historisch ist, spätestens seit Aufkommen der völkischen Ideologien, der Unterschied zwischen Volk und völkisch leider fließend. Deshalb hat »Volk« in der Moderne ganz eindeutig einen biologischen Kern. Nochmals: In »das Volk« wird man hineingeboren, daher die ursprüngliche Identität von Nation und Volk. Und noch einmal: Die Nation ist notwendigerweise zu unterscheiden vom Staat. In einem Staat können durchaus verschiedene Nationen und Völker leben. Sie sind dann ein »Staatsvolk« oder besser »Staatsbürger«. Das Wort »Staatsvolk« halte ich für ein ungünstiges Konstrukt, weil hier der funktionale Aspekt mit dem biologischen vermengt wird.

Aber wir wollen ja hier keine philologischen Gespräche führen. Entscheidend ist, dass der Begriff Volk, egal in welcher Wortverbindung, etwas Biologistisches hat und etwas Ausschließendes. Diejenigen, die nicht zum Volk gehören, weil nicht hineingeboren, weil nicht ethnisch dazugehörig, sind eben bestenfalls geduldete Fremde. Das mag uns gefallen oder nicht. Ihnen nicht und auch mir nicht, aber wir müssen Wunsch und Analyse der Wirklichkeit unterscheiden, um gegebenenfalls die Wirklichkeit zu ändern. Alles andere ist Selbstbetrug, orientiert am sympathischen Prinzip Hoffnung. Ohne richtige Diagnose keine erfolgreiche Therapie.

BRÖNING: Den Begriff »Volk« werden wir, fürchte ich, dennoch nicht los. Artikel 20 des Grundgesetzes stellt fest: Alle Staatsgewalt geht vom Volke aus. Mit Brecht können wir zwar zu Recht fragen: »Wo geht sie hin?«, doch als Leerstelle behandeln sollten wir den Begriff nicht. Wenn Volksparteien bei dem Wort Volk in Schweiß ausbrechen, dann haben sie ein Problem. Der Begriff ist da und er ist juristisch gesetzt. Deswegen können wir vor ihm nicht davonlaufen und ihn auch nicht sang- und klanglos irgendwelchen Fanatikern überlassen, die ihn vereinnahmen und rassistisch vergiften. Aber ich denke, ich habe verstanden, worum es Ihnen geht. Der Begriff »Volk« kann ethnisch ausschließend verstanden werden – dafür gibt es ja historisch zahlreiche üble Beispiele. Darüber hinaus haftet dem Begriff eine anti-elitäre Dimension an, die aktiviert werden kann. Denken Sie an Volkstanz in Abgrenzung zu höfischen Tänzen, an Volksmusik als Gegenstück zur klassischen Musik oder als Volksdichtung im Gegensatz zur hohen Literatur. In Antwort auf diese anti-elitäre Dimension des Volksbegriffs sollten wir daran erinnern, dass es ein monolithisches Volk nicht gibt, sondern es immer ökonomische, kulturelle und ethnische Unterschiede aufweist. Nur die Rechtspopulisten, um das Wort noch mal zu verwenden, tun doch immer so, als ob es einen homogenen Volkskörper gebe, dessen Interessen sie vertreten würden. Das ist Unsinn, denn es gibt unzählige Trennlinien und Differenzen in der Zusammensetzung des Volkes – ökonomische und soziokulturelle. Zu fragen ist dann, für welche Schichten wir uns politisch in besonderer Weise einsetzen müssen. Aber schlicht ignorieren sollten wir den Begriff »Volk« nicht.

BINGENER: *Das wäre auch schwierig, denn der Reichstag wird geziert von den Worten »Dem deutschen Volke«. Diese Inschrift hatte weniger eine völkische, sondern eher eine monarchiekritische Pointe. Deshalb wollte der Kaiser auch verhindern, dass sie angebracht wird.*

WOLFFSOHN: Das ist schon richtig. Volkssouveränität durch allgemeine gleiche geheime Wahl der Männer hat es auf Reichstagsebene seit 1871 gegeben. Aber Begriffe haben eine Geschichte, und die Geschichte eines Begriffes ist oft der Wandel eines Inhaltes. Des Kaisers Widerspruch stammt aus der Endzeit des Noch-nicht-Völkischen. Mit dieser Schrecklichkeit ging es seit der Gründungskrise von 1878 bis 1896 so richtig heftig los. Hier und heute existiert nun einmal die biologistische Assoziation beim Volksbegriff – es sei denn, wir sprechen im politischen und politikwissenschaftlichen Bereich vom Souverän.

Im Hebräischen ist das Wort übrigens viel schöner. Da heißt es nämlich »Am«, und diese zwei Buchstaben können im Hebräischen, anders punktiert bzw. vokalisiert, auch »zusammen« bedeuten. Das hat nichts Biologistisches, sondern meint all diejenigen, die »zusammen« sind.

BRÖNING: Wenn man schon philologisch argumentiert, finde ich die amerikanische Formel »We, the people«, die Eingangsformulierung der amerikanischen Unabhängigkeitserklärung, ansprechend. Denn da ist die Vielschichtigkeit im Begriff des »Wir« angelegt.

WOLFFSOHN: Das stimmt. Aber people kommt von populus. In den heutigen Diskussionen hat der Volksbegriff jenseits des Geschichtlichen oder Philologischen leider eine klar biologistische Konnotation. Und, lieber Herr Bröning, ich habe den größten Respekt dem Grundgesetz gegenüber. Dass der Begriff dort auftaucht, heißt nicht, dass diese Begrifflichkeit der Weisheit letzter Schluss wäre. Selbst unser fabelhaftes Grundgesetz kann uns eigenes Denken und Interpretieren nicht abnehmen. Das Bundesverfassungsgericht macht das ständig – und ändert nicht selten in einer Sache seine Interpretation. Siehe Kopftuchurteil 1 und 2. Insgesamt finde ich die politische Diskussion um den Volksbegriff höchst unerfreulich. Wir sollten davon schnellstens wegkommen.

BINGENER: *Der Begriff will aber nicht verschwinden. Er stand im Mittelpunkt der Friedlichen Revolution 1989, man braucht bloß an den Ruf »Wir sind das Volk« denken. Der Satz war damals obrigkeitskritisch gemeint, er wird heute aber auf Anti-Migrations-Demonstrationen mit teils ganz anderen Absichten immer noch skandiert. Dort wird die Frage gestellt: Wer gehört eigentlich zum Volk?*

WOLFFSOHN: Das können wir gar nicht bestimmen, Gott sei Dank, das ist ja das Schöne und Schreckliche, also Dialektische an der Demokratie. Keiner hat die absolutistische Hoheit über Begriffe. Daher bin ich dafür, den Begriff seiner total unterschiedlichen, entgegengesetzten Inhalte und Gedankenverbindungen wegen zu vermeiden, um ihn nicht durch seine veralltäglichte Gegensätzlichkeit bzw. Beliebigkeit salonfähig zu machen. Jeder benützt denselben Begriff und meint etwas anderes. Der Kampf um Worte wird zum Kampf um Deutungshoheit und gegebenenfalls zum gewalttätig ausgetragenen Kampf. Wer das vermeiden will, muss die

Eindeutigkeit der politisch umstrittenen Begriffe herzustellen versuchen und gegebenenfalls auch im Grundgesetz erklären, was mit »Volk« gemeint ist. Anders geht es nicht. Wer traut sich das? Keiner, aber das ist notwendig. Erst recht in einer Zeit, in der die undemokratische Rechte (es gibt natürlich eine demokratische Rechte) beansprucht, das Volk zu sein. Wer in der DDR – ganz großartig und mutig – »Wir sind das Volk!« rief, meinte: Alles und alle von demokratisch rechts bis demokratisch links, also links minus SEDDDR-Establishment und dessen Anhänger.

BRÖNING: Meinen Sie denn ernsthaft, dass es realistisch ist, das Grundgesetz zu ändern und den Begriff des Volkes herauszuoperieren?

WOLFFSOHN: Nicht heraus, aber eine Erklärung hinein. Das Grundgesetz meint die Volkssouveränität im klassisch-demokratischen Sinne: Alle Macht geht vom Volke aus. Aber in der politischen Diskussion und vor allem bei den demokratiefeindlichen Rechten geht es um die Renaissance des Völkischen. Daher: Weg mit diesem Begriff.

BINGENER: *Nun gut, wir einigen uns über den Begriff »Volk« offensichtlich nicht. Wie steht es mit dem schönen Wort »Heimat«?*

BRÖNING: Ich finde es wenig überraschend, dass wir in den vergangenen Jahren angefangen haben, über »Heimat« zu diskutieren – in einer breiten Öffentlichkeit, aber auch unter Sozialdemokraten und sogar bei den Grünen, wo Robert Habeck ein Buch zum Thema geschrieben hat. Das war eine Leerstelle, die besetzt wird – auch von progressiven politischen Kräften. Ich meine aber, dass die Diskussion über Heimat ein bisschen zu unpolitisch ist. Darum bin ich mit dem Begriff nicht so richtig glücklich.

BINGENER: *Also doch lieber Volk?*

BRÖNING: Nein, der Volksbegriff ist ja noch komplizierter, wie wir gesehen haben. Deswegen plädiere ich ja für das Konzept einer weltoffenen Nation. Das kommt etymologisch zwar vom »Hineingeborensein«, aber der Begriff ermöglicht aus meiner Sicht ein projekthaftes Verständnis von Gemeinschaft, zu dem sich konzeptionell zwar nicht alle, aber doch theoretisch jeder bekennen kann. Den Begriff Heimat halte ich für weniger stark, weil er politisch kaum Wirkung entfaltet. Er ist ja meist regional konzipiert. Da geht es dann um den eigenen Geburtsort, den Kiez oder um das ganz unmittelbare Lebensumfeld der Menschen. Ich habe gar nichts gegen Lokalpatriotismus und gegen die Sehnsucht, sich beheimatet zu fühlen, nur ist Heimat eben nicht politisch deckungsgleich mit unseren demokratischen Strukturen.

WOLFFSOHN: Nanu? Das »Recht auf Heimat«? Heimatvertriebene. Das hätte keine Wirkung entfaltet? War da der Wunsch der Vater Ihres Gedankens? Zu Sache: Da, wo das einzelne Ich daheim ist, sich heimisch fühlt, da ist für A und B und C »Heimat«. Für D bis Z mag Heimat ganz woanders sein. Für die meisten ist Heimat da, wo sie aufgewachsen sind. Aber auch diese Aussage gilt nicht allgemein. Ich bin allergisch gegen Verallgemeinerungen. Ich – das ist das jeweilige Subjekt. Der Begriff kann nur subjektiv sein. Wer den Begriff Heimat objektivieren möchte, schummelt, gaukelt – wieder – anderen etwas vor. Subjektives ist per definitionem nicht objektiv, was immer objektiv sei. Woher will A wissen, was für B Heimat ist?

Denken wir an Theodor Storm. Der wunderbare Theodor Fontane nannte Storms Heimatverbundenheit mit Husum »Husumerei«. Storm war ein großer Schriftsteller, aber eben ein sehr nordseeorientierter. Aber was sagt uns das? Dass wir in der immer kleiner gewordenen großen Welt Bezugsrahmen haben, in denen sich immer weniger Leute orientieren können. Da will man das Altbekannte, das Vertraute im kleinsten Raum, wieder verstärken. Man kann das entweder verstehen oder sich über so etwas als »Heimatelei« lustig machen. Warum aber? Ich fände das zutiefst illiberal. Jeder nach seiner Façon – sagte schon der Alte Fritz. Da hatte er Recht.

BINGENER: *Der Begriff »Heimat« wäre dann weniger ein Gegenbegriff zu »Volk« oder »Nation«, sondern schlichtweg ein Gegengift gegen das Überhandnehmen von Komplexität?*

BRÖNING: Das ist eine hübsche Idee. Ich glaube, dass man von hier aus den Begriff »Heimat« immerhin insofern politisch nutzen kann, als es ja auch das Konzept des Heimatlandes gibt.

WOLFFSOHN: Das Problem dabei ist, dass wir viele Heimaten in Deutschland haben: Der Nordsee-Lyriker hat eine andere Heimat als ein Bayer. Sie leben in einem gemeinsamen Land, haben aber verschiedene Heimaten. Unsere Übersetzung von »Patria« ist Heimatland. Das aber ist keine sehr überzeugende Übersetzung, denn »Patria« kommt von »Vater« – und da sind wir wieder bei dem Begriff der Nation, in die man hineingeboren wird, und bei dem, der einen gezeugt hat – dem Vater.

BRÖNING: Frank-Walter Steinmeier hat einmal, wie ich finde, sehr richtig gesagt: Heimat gibt es auch im Plural.

WOLFFSOHN: Das ist eine Binsenweisheit. Für diejenigen, die an verschiedenen Orten lange und gerne lebten. Hat auch Herr X, der nur in einem Alpendorf lebt, oder Frau Y, die nur auf einer Nordsee-Hallig lebt, auch Heimat im Plural? Jener liebt Kuhglocken, diese das Rauschen des Meeres, nein, nur der Nordsee. Das sind doch Gedankenklingeleien von Sonntagsreden. Volkspädagogik. Sehr sympathisch, aber schrecklich platt. Die erzieherische Absicht ist dick aufgetragen. Tenor: Liebe Biodeutsche, jemand, der seit zwanzig Jahren bei uns lebt, empfindet Deutschland als seine Heimat. Er oder sie empfindet zugleich aber auch das anatolische Dorf, wo er vorher zwanzig Jahre lebte, auch als Heimat. Wie gesagt, eine Binsenweisheit. Die gilt auch auf mich bezogen. Die ersten sieben Jahre meines Lebens verbrachte ich in Israel. Weitere drei im Alter von zwanzig bis 23 Jahren. Den Rest meistens in Deutschland. Ich habe also auch »Heimat im Plural«. Was für eine »Erkenntnis«. Ich vertrage diese Binsenweisheiten, meist feierlich, pastoral vorgetragen, nicht. Ich lasse mich auch nicht gerne von Fremden erziehen. So unmündig bin sogar ich nicht, dass ich ständig erzogen werden müsste. Gleiches gilt auch für die meisten »Mitbürgerinnen und Mitbürger« – auch so eine platte Formel.

BINGENER: *Ist der Begriff »Heimat« eine Form des Politikersatzes? Dergestalt, dass er nette Emotionen hervorruft, aber von den relevanten Fragen ablenkt?*

BRÖNING: Ein bisschen schon. Wenn wir uns unter dem Gesichtspunkt Integration mit diesen Fragen beschäftigen, dann ist die Integration in Heimat und in den Kiez ja nicht das politische Problem. Das Problem ist vielmehr, dass wir offenbar ein Integrationsdefizit in das Gesamtkonzept unseres demokratischen Nationalstaates haben. Dort scheitert Integration, wenn sie scheitert. Die Herausforderung ist ja nicht, dass sich die betreffenden Personen nicht in der Sonnenallee oder in ihrem Kiez in Neukölln integrieren, sondern eher, dass wir manch einen solchen Kiez so schwer in Deckung bekommen mit unserem größeren demokratischen Gemeinwesen. Und deswegen, so glaube ich, reicht die Diskussion um Heimat nicht aus.

WOLFFSOHN: Halt. Ich protestiere. Die Rückwendung zum Begriff Heimat ist kein Politikersatz. Sie ist Ausdruck dafür, dass Menschen Schutz und Geborgenheit wollen. Das ist unsere seelische Mitgift. Überall und immer, weil wir Menschen sind. Aufgabe des Staates ist es, diesen Schutz zu gewährleisten. Ohne jeden pädagogisch-ideologischen Schmus. Keiner hat dem anderen vorzuschreiben, wo und was für andere Heimat ist.

BRÖNING: Ja, und das will ja auch niemand. Eine Ersatzfunktion ist es aber, wenn wir über Heimat sprechen und über den demokratischen Nationalstaat schweigen. Einen wirklich gefährlichen Politikersatz aber sehe ich an einer ganz anderen Stelle: in der zunehmenden Betonung einer Identitätspolitik, die sich nicht so sehr mit der Welt als Handlungsfeld befasst, sondern eher mit gruppenbezogenen Befindlichkeiten – und zwar vor allem in Teilen eines gewissen akademischen Milieus. Hier verschwenden gerade Teile der Linken ihr wertvolles Pulver. Ich will nicht missverstanden werden: Es geht mir nicht darum, das Rad gesellschaftlichen Fortschritts zurückzudrehen und über Diskriminierung hinwegzusehen. Im Gegenteil. Das Problem aber ist, dass Identitätspolitik, wenn man sie auf die Spitze treibt, so etwas wie umfassende Solidarität ganz schwierig macht. Identitätspolitik betont nicht das Vereinende, sondern das Trennende und unterteilt die Menschen in immer kleinere Kategorien. Wir atomisieren die Gesellschaft. Am Ende dieser Fokussierung auf immer kleinteiligere diskriminierte Gruppen bleibt keine belastbare Koalition für Wandel, sondern nur allenthalben selbstgerechter Narzissmus. In der Konsequenz wird es schwer, an Prinzipien des Gemeinsinnes festzuhalten. Und manch einer will am Ende nicht mehr das Gemeinwesen voranbringen, sondern nur noch herausfinden, wer er oder sie heute eigentlich ist. Ich fürchte, das läuft auf eine politische Selbstentmachtung hinaus. Der amerikanische Politikwissenschaftler Mark Lilla von der Columbia University bezeichnet Identitätspolitik daher aus meiner Sicht zu Recht als »Reaganismus für Linke«.

WOLFFSOHN: Sie schildern sicherlich realistisch das wie auch immer zu definierende linke Milieu, aber für mich ist im analytischen Sinne völlig unabhängig vom politischen Milieu die Sicherung des Heimatgefühls nichts anderes als das, was wir vorhin schon als »Pursuit of Happiness« bezeichnet haben. Der großartige Schriftsteller Knut Hamsun hat darüber geschrieben, dass der

Bach in den Rocky Mountains eben nicht »der richtige Bach« sei. Das fließende Geräusch ist in seiner Heimat Norwegen für ihn anders gewesen als in den Rocky Mountains. Das beschreibt sehr schön die unterschiedliche Wahrnehmung des Objektiven aus der jeweils subjektiven Sicht. Das zu tolerieren, ist eigentlich das Mindeste, das man erwarten kann in Bezug auf Toleranz, und es ist so völlig ungefährlich für den Zusammenhalt eines Gemeinwesens. Ganz im Gegenteil, es stärkt das Gemeinwesen.

BRÖNING: Nur ist Hamsun selbst nun wahrlich kein Leuchtturm der Toleranz. Aber es ist eben nicht ungefährlich, wenn sich die Linke schwerpunktmäßig mit identitätspolitischen Themen beschäftigt und dafür auf Kapitalismuskritik verzichtet. Die amerikanische Philosophin und Politikwissenschaftlerin Nancy Fraser bezeichnet dieses Phänomen als »progressiven Neoliberalismus«. Sie argumentiert, dass wichtige Teile der amerikanischen Linken politisch kaum noch Wirkung entfalten, weil sie Emanzipationskämpfe nicht mehr zusammenhängend denken können. Wenn Trumps langjähriger Vertrauter und ehemaliger Chefstratege Steve Bannon zugibt, dass er von linker Identitätspolitik nicht genug bekommen kann, weil ihm die Durchsetzung seiner Ziele umso leichter fällt, je mehr die Linken sich mit diesen Fragen beschäftigten, wird klar, wo das Problem liegt. Niemand hat etwas gegen Gleichberechtigung, niemand hat etwas dagegen, Minderheiten zu emanzipieren, und unser aller Aufgabe sollte es sein, Diskriminierung endlich zu überwinden. Aber in diesem Kampf darf die Linke ihren universalistischen Anspruch und den Blick auf das Gemeinwesen insgesamt nicht aufgeben. Gemeinschaft und Solidarität fördern wir nicht, indem wir immer nur das feiern, was uns trennt. Unser Fokus sollte darauf gerichtet sein, was uns als Menschen verbindet. Sonst triumphieren politische Kräfte, die das Allgemeinwohl nun gar nicht mehr im Sinn haben.

6. Deutschland, Europa und die Welt

BINGENER: *Herr Bröning, Sie üben in Ihren Publikationen immer wieder Kritik an der Gestaltung der Europäischen Union. Können Sie knapp skizzieren, was genau Sie kritisch sehen und welche Reformen der EU Sie für nötig halten?*

BRÖNING: Bevor ich damit loslege, würde ich gerne das Anliegen dieser Kritik deutlich machen: Es geht mir nicht darum, die EU schlechtzureden, sondern darum, sie krisenfest zu machen, eben weil ich die europäische Integration für einen zivilisatorischen Fortschritt halte. Das würde ich gerne vorwegschicken, um nicht falsch verstanden zu werden. Die aktuelle populistische Revolte ist ja einerseits ein Aufstand gegen die gewissermaßen real existierende EU und andererseits zugleich eine Zurückweisung der europäischen Idee an sich. Unsere Antwort sollte deshalb differenziert ausfallen.

Was ist jetzt kritisch zu sehen an der bestehenden EU? Sicher zunächst ihre mangelhafte demokratische Dimension. Martin Schulz hat einmal darauf hingewiesen, dass sich die EU niemals selbst als Mitglied aufnehmen würde, weil sie demokratischen Grundprinzipien nicht ausreichend entspricht. Er hat Recht. Allerdings ist gerade die verbreitete Antwort auf dieses Manko oft nicht wirklich überzeugend. Besonders begeisterte Vordenker Europas wiederholen ja immer wieder: »Ja, wir haben ein Demokratiedefizit, deshalb müssen wir endlich Nägel mit Köpfen machen und den Transfer von Souveränität nach Brüssel vervollständigen; wir müssen das Werk vollenden und den Europäischen Bundesstaat ins Leben rufen.« Diese Ansicht war ja auch Ausgangspunkt unseres Gesprächs heute. Meine Sorge ist, dass genau ein solcher anti-nationalstaatlicher Ansatz das Projekt Europa gefährdet. Ziel sind eben nicht die Vereinten Staaten von Europa und auch keine Europäische Republik, für die es politisch in keinem einzigen Mitgliedsland eine Mehrheit gibt. Vorstellbar ist eher eine europäische Konföderation, in der wir anstehende Probleme gemeinsam lösen, in der wir aber gleichzeitig die Vielfalt Europas auch politisch abbilden. Ich glaube übrigens auch, dass wir darauf zusteuern.

BINGENER: *Können Sie ein, zwei konkrete Punkte benennen, die Sie beispielsweise an der europäischen Verfassung kritisch sehen?*

BRÖNING: Wir stecken in einem Dilemma: Mit einer undemokratischen Union können die Menschen zu Recht nichts anfangen. Aber mit einer Europäischen Union, die gewissermaßen zu demokratisch ist, hätten wir ein anderes Problem. Reine Mehrheitsentscheidungen würden zwar die EU scheinbar handlungsfähiger machen, aber ich fürchte, sie könnten zugleich ihren Zusammenhalt schwächen. Dauernde Mehrheitsentscheidungen würden bedeuten, dass Minderheitsmeinungen immer wieder überstimmt werden. Das aber macht kein Staatenbund lange mit. Dieses Dilemma können wir nur durch mehr Flexibilität auflösen. Ein weiteres Problem ist die sogenannte Konstitutionalisierung der europäischen Verträge, auf die der ehemalige Richter am Bundesverfassungsgericht Dieter Grimm immer wieder hinweist. Wir haben es auf europäischer Ebene mit einem umfassenden Vertragswerk zu tun, das letztlich der Politik entzogen ist. Unser Grundgesetz ist ja ein relativ schmales Büchlein, da wird geregelt, welche Aufgaben die staatlichen Institutionen haben und welche Grundrechte wir als Bürger genießen. Wenn Sie sich nun die europäischen Verträge anschauen, finden Sie ein Vertragswerk, das mehrere tausend Seiten lang ist. In ihm werden aber nicht nur Institutionen definiert, sondern politische Detailfragen rechtlich verbindlich geregelt. Dadurch, dass dieses Vertragswerk aber eben nur einstimmig zu bearbeiten und zu verändern ist, sind eine ganze Fülle von Fragen letztlich für die Politik nicht mehr erreichbar.

WOLFFSOHN: Ich habe hier inhaltlich keinen Dissens. Das Problem Europas ist, wie in Deutschland und fast überall, dass die Dinge nicht beim Namen genannt werden. Dass am Ende eine Europäische Republik als Union stehen soll, glaubt doch im Grunde genommen niemand, auch keiner derer, die für die EU kämpfen. Hier plädiere ich für mehr Realitätssinn, und das heißt für eine Konföderation, also einen Staatenbund demokratischer europäischer Staaten. Die Vielfalt Europas ist ein Positivum. Diese Vielfalt zu institutionalisieren und auf Dauer zu erhalten, ist durch den staatlichen Rahmen sicherer als durch das Auflösen in verschiedene, letztlich nivellierende Einheiten.

Den Vorwurf eines Demokratiedefizits kann ich allerdings nicht nachvollziehen. Alle EU-Regierungen, ob sie einem gefallen oder nicht, sind demokratisch legitimiert. Und die Repräsentation demokratisch legitimierter Regierungen ist demokratisch. Punkt. Das Problem, das Herr Bröning benannt hat, ist die demokratische Legitimierung der Europäischen Kommission, die immer mehr Kompetenzen an sich gezogen hat.

Hier muss grundsätzlich nachgefragt werden, ob und inwieweit eine nicht demokratisch oder sehr indirekt demokratisch legitimierte Kommission samt Apparat die nationalstaatlich demokratischen Entscheidungsbefugnisse an sich reißen darf und soll. Hier muss ein neues Gleichgewicht gefunden werden gegenüber einer sich verselbstständigenden Bürokratie, aber ansonsten geht meines Erachtens der Vorwurf des Demokratiedefizits der Europäischen Union an der Wirklichkeit vorbei.

BINGENER: *Neben der Regulierung des Binnenmarktes gibt es derzeit die Forderungen nach einer Verteidigungsunion und einer effektiven gemeinsamen Sicherung der Außengrenzen. Wie soll das Ihrer Meinung nach konkret gehen? Soll es eine Art »Opt-Out-Möglichkeit« für Staaten geben, sich an diesem oder jenem Punkt nicht zu beteiligen? Was aber hieße das, wenn beispielsweise Italien bei der Grenzkontrolle ausscherte – soll Österreich dann einen Grenzzaun am Brenner ziehen?*

BRÖNING: Eine Opt-Out-Option, etwa getragen von den Parlamenten in den Mitgliedsstaaten, fänden viele Experten sinnvoll. Denn grundsätzlich denke ich, dass politische Präferenzen, die in den Mitgliedsstaaten durch Wahlen formuliert werden, Raum zur Umsetzung haben müssen. Es kann nicht sein, dass Mitgliedsstaaten Wahlen durchführen und dann die demokratisch legitimierten Regierungen nach Brüssel oder Berlin pilgern müssen wie ein bußfertiger mittelalterlicher Kaiser nach Canossa, um mitgeteilt zu bekommen, welche Anpassungen jetzt vorgenommen werden müssen, damit sie gute Europäer bleiben.

BINGENER: *Gilt das auch für die osteuropäische Migrationspolitik mit ihren Vorbehalten hinsichtlich bestimmter, vor allem muslimischer Migranten?*

BRÖNING: Warum nicht? Solange diese Entscheidungen auf wirklich demokratischem Wege zustande kommen und universelle Prinzipien respektieren, habe ich daran nichts auszusetzen. Es gehört doch zum Prinzip der Demokratie, dass man auch Entscheidungen anerkennt, die man möglicherweise selbst so nicht treffen würde. Letztlich beruht die Stärke Europas doch darauf, dass man für Differenzen und für Vielfalt Raum lässt. Das Motto der Europäischen Union lautet »In Vielfalt geeint«. Das sollten wir wieder ernster nehmen. Schon in den Römischen Verträgen ist das Prinzip der Subsidiarität angelegt. Wenn man das befolgt – und auch nachfolgende Verträge beschwören diese Formel –, dann hat man am Ende keinen europäischen Superstaat, sondern ein Europa, das in vielen Punkten sehr eng zusammenarbeitet und gleichzeitig demokratische Präferenzen der Mitgliedstaaten stärker ermöglicht. Ich glaube, ein solches Europa wäre nicht schwächer, sondern stärker als das heutige. Und im Hinblick auf die Verteidigungspolitik, die Sie ansprechen: Natürlich sollten wir da enger zusammenarbeiten. Aber auch hier sollten wir genauer hinsehen. Erst einmal klingt das Ziel, mit einer Stimme zu sprechen, ja überzeugend. Aber die Wahrheit lautet: »die eine Stimme« gibt es nicht – und zwar aus gutem Grund. Was wäre beispielsweise geschehen, wenn wir 2003 mit »einer Stimme« hätten sprechen müssen? Hätten wir uns den Franzosen und Briten angeschlossen und die Bundeswehr in den Irak geschickt? Meines Erachtens ist das ein gutes Beispiel dafür, dass es sinnvoll ist, politische Abweichung zuzulassen.

WOLFFSOHN: Gerade im Bereich der Verteidigung ist es völlig unrealistisch, eine Vereinheitlichung anzustreben. Hier wird eine Idee in den Raum geworfen, die nicht zu Ende gedacht ist. Der vielleicht nicht einzige, doch sehr wichtige Grund solcher Überlegungen wird in der Regel nicht ausgesprochen: Alle Armeen in Westeuropa haben ein Problem, genügend Soldaten zu bekommen. Wenn man eine europäische Armee aufbaute, bräuchte man insgesamt weniger Soldaten. Im Grunde genommen ist das die Antwort auf die Personalnot der jeweils nationalen Armeen, die aber eben illusorisch ist. Denn die inhaltliche Koordinierung der Sicherheitspolitik von 27 oder 28 Staaten – hoffentlich doch mit den Briten – ist völlig illusorisch. Innerhalb der NATO wissen wir aus diversen Einsätzen, wie schwierig die operative Koordination ist. Eine europäische Armee. Sehr sympathisch, gefällt mir. In welcher Sprache kommuniziert der deutsche Gefreite Piepmatz mit dem polnischen Gefreiten ABC?

BINGENER: *Sie legen beide – Sie, Herr Wolffsohn, ganz besonders – Wert auf die einigende Kraft der Kommunikationsgemeinschaft für einen Staat. Gibt es so etwas ansatzweise auch auf europäischer Ebene oder ist es nicht eigentlich das, was fehlt als Voraussetzung für einen europäischen Staat?*

WOLFFSOHN: Ja. Das fängt schon bei der sprachlichen Inkompetenz an. Siehe oben. Wenn es hochkommt, können die jeweiligen Bürger der verschiedenen Staaten halbwegs Englisch radebrechen, das ist im Laufe der Jahre besser geworden, aber noch weit entfernt vom Ideal. Von Französisch ganz zu schweigen, von den Sprachen der kleineren Mitglieder sowieso. Erster Einwand. Zweiter Einwand: Bestenfalls kennen wenige, auch belletristisch orientierte Bürger die Literatur von einigen Nachbarstaaten, aber wenn überhaupt Belletristik gelesen wird, dann zumeist nur aus dem eigenen Sprachraum. Leider. Kommunikationsgemeinschaft ohne gemeinsame Sprache. Das ist, wieder, von denen, die uns diese Brocken hinschmeißen, erst gesprochen, dann gedacht. Genauer: nicht gedacht. Wir drei und viele, viele andere, viel Klügere als ich jedenfalls, müssen diese unausgereiften Gedanken kommentieren. Das Ziel »mehr Europa« unterstütze ich leidenschaftlich, aber Phrasendrescherei ist eben kontraproduktiv. Sie führt zur Europaverdrossenheit.

BINGENER: *Hat sich in den letzten Jahren nicht eine gewisse europäische Öffentlichkeit herausgebildet? Die Wirtschaftsprobleme von Griechenland und jetzt Italien betreffen uns mittlerweile ganz existenziell; und wir nehmen das in einer Genauigkeit wahr, wie es vor zwanzig Jahren noch undenkbar gewesen wäre. Zudem sind wir mit unseren osteuropäischen Nachbarn über die Migrationsfrage in ständigem Austausch – zwar kontrovers, aber doch intensiv.*

BRÖNING: Eine europäische Öffentlichkeit besteht in Ansätzen, ja. Aber das tut sie schon seit langer, langer Zeit, ohne so recht vom Fleck zu kommen. Die Anteilnahme an Entwicklungen etwa in Griechenland, die Sie ansprechen, ist ja beispielsweise auch nicht völlig neu. Schon die Griechische Revolution Anfang des 19. Jahrhunderts wurde von vielen Deutschen mit riesigem Interesse verfolgt. Dieses gegenseitige Interesse, dieser Paneuropäismus, liegt seit Jahrhunderten in der DNA dieses Kontinents – zum Glück. Gleichzeitig aber sieht man, so glaube ich, doch sehr deutlich auch die Grenzen dieser europäischen Öffentlichkeit. Ein europäischer Demos, der eine kontinentale Demokratie in einem Bundesstaat legitimieren könnte, fehlt nach wie vor. Das wiederum hat in der Tat viel mit der Nichtexistenz einer europäischen Sprache zu tun. Die Entwicklung von Demokratie hängt ja auch historisch immer davon ab, ob und wie die Menschen miteinander kommunizieren. Die antike Polis oder der mittelalterliche republikanische Stadtstaat waren ja nicht ohne Grund noch nicht als geografisch weite Territorialstaaten organisiert. Die Kommunikation war zwangsläufig beschränkt auf das engere Umfeld, in dem man mündlich oder handschriftlich direkt kommunizieren konnte. Erst in dem Maße, in dem die technische Entwicklung auch den Austausch über die engeren Räume hinaus möglich machte, wurde so etwas wie ein weiter gefasstes partizipatives Öffentlichkeitskonzept umsetzbar. Heute sind die kommunikativen Möglichkeiten natürlich technisch unbegrenzt. Trotzdem ist ein europäischer Diskurs erst im Entstehen begriffen und noch längst nicht tragfähig, um daraus tatsächlich so etwas wie eine effektive öffentliche Kontrolle europäischer Politik ableiten zu können.

WOLFFSOHN: Ja und nein. Gerade die letzten Jahre zeigen – wenn auch nicht aus Begeisterung – doch eine gesamteuropäische Betroffenheit, die sich auf das eigene Portemonaie bzw. Konto bezieht. Die Leute sind aufgewacht und haben festgestellt: Auch Griechenland geht uns etwas an. Und jetzt zittern alle davor, dass uns Italien noch mehr angehen wird. Das ist aber ein positives Zeichen für die Realisierung des europäischen Verbundes, ob es gefällt oder nicht. Was war der europäische

Grundgedanke, um für alle Zeiten beispielsweise eine deutsch-französische Feindschaft zu unterbinden? Die jeweiligen Akteure in Europa zu verzahnen, damit sie sich nicht mehr ineinander verbeißen. Jetzt sind wir so stark verzahnt, dass uns das Desaster der griechischen Volkswirtschaft und das bevorstehende der italienischen usw. direkt betrifft. Das ist ein Zeichen funktionierender Integration im Sinne von funktionaler Verzahnung durch wechselseitige Abhängigkeit. Wechselseitige Abhängigkeiten sind einerseits sehr positiv, aber andererseits auch gefährlich. In jedem Fall aber gibt es jetzt einen europäischen Diskurs. Er gefalle einem oder nicht, aber er ist da. Und zwar deshalb, weil er jeden direkt oder indirekt angeht.

BRÖNING: Es gibt vielstimmige Diskurse der Europäer über Europa. Aber das ist kein einheitlicher Diskurs, in dem sich eine Gemeinschaft von Europäern zeitgleich mit ein und denselben Begriffen zu ein und denselben Fragen austauscht.

WOLFFSOHN: Einheitliche Diskurse gibt es nicht in offenen Gesellschaften. Zur offenen Gesellschaft gehört Vielstimmigkeit und Gegensätzlichkeit. Meine Gesellschaftsanalyse geht von diesem Axiom aus: Gesellschaft in jeder Form ist immer Spannung. Und jetzt haben wir diese auf der europäischen Ebene. Sie sagen, die Leute schreien Zeter und Mordio, weil wir die griechische Misswirtschaft bezahlen müssen. Stimmt, und das ist nicht großartig. Aber wir sind auf diese Weise Teil der europäischen Kommunikationsgemeinschaft. Vielsprachig allerdings. Wir kommunizieren in diesem Falle ökonomisch. Und das interessiert die Leute sehr viel mehr als die ideologische, politische Europäisierung.

BRÖNING: Nur das wirkt eben gerade nicht integrierend, sondern häufig desintegrierend.

WOLFFSOHN: Das ist das Wesen von Politik. Wir haben eine europäische Politik und wir haben einen europäischen Diskurs – und jeder Diskurs führt in der Regel auch zum jeweils gegensätzlichen Denken. Das ist das Wesen von Denken und Wollen. Wir werden nie einen einheitlichen Willen erreichen, Gott sei Dank, und wir werden hoffentlich auch nie ein einheitliches Denken erreichen. Gott sei Dank.

BRÖNING: Das aber scheint mir genau Teil unsres aktuellen europäischen Dilemmas zu sein. Wir haben zwar keinen einheitlichen politischen Willen, aber zumindest in Teilen der besonders enthusiastischen Pro-Europäer so etwas wie einen vermeintlich einheitlichen europäischen Pfad. Die politischen Ziele der Mitgliedsstaaten aber sind für den gemeinsamen Weg in einigen Punkten zu unterschiedlich. Und das ist auch nicht durch Appelle zu überwinden, denn die Ziele wurzeln in zum Teil sehr nachvollziehbaren andersgearteten Interessen. Darauf aber dürfen wir nicht mit der Verordnung eines Brüssel-Konsenses reagieren, der nun leider mal alternativlos sei. Im Gegenteil, wo es geht, sollten wir diese Diversität begrüßen.

WOLFFSOHN: Das ist kein Dilemma. Das ist ein Segen. Das zu sagen, widerstrebt einem als Demokrat, der an die Volkssouveränität glaubt. Im Grunde genommen ist das ganze europäische Projekt lobenswerterweise ein

Projekt der wechselseitigen Unfähigkeit, gegeneinander Krieg zu führen. Das ist die Entstehungsgeschichte der Europäischen Union, die sich zunächst einmal als europäische Gemeinschaft für Kohle, Eisen und Stahl, der Montan-Union, entwickelt hat. Das heißt, wir haben auf der einen Seite die demokratische Struktur der jeweiligen Mitgliedsstaaten, aber auf der anderen Seite, wo die funktionale Integration angesprochen ist – also die strukturelle Unfähigkeit, gegeneinander Krieg zu führen –, wurde ganz bewusst das Element der Volkssouveränität herausgenommen, weil Volkssouveränität manipulierbar ist – bis hin zur Kriegsführung. Die Väter des europäischen Gedankens waren geprägt von der europäischen Katastrophe zweier Weltkriege – und durch die Erfahrung, dass, solange man gesiegt hat oder glaubte, siegen zu können, der Volkssouverän gerne bereit war, in den Krieg zu ziehen. Hier wurde von den Eliten gegengesteuert, um dieses demokratische Element zu kontrollieren. Das ist in der Geschichte demokratischer Verfassungen nichts Neues. Der Stimmen- und Stimmungsmehrheit wurden Gegengewichte geschaffen, um ein Gleichgewicht zwischen Stimmen und Stimmigkeit anzustreben. Im Klartext heißt das Gewaltenteilung. Konkret zwei Parlamentskammern und eine unabhängige Justiz, die völlig abgehoben vom vermeintlich gesunden Volksempfinden entscheiden kann, soll, muss.

BRÖNING: Absolute Souveränität, in der die Staaten nach Belieben ein Ius ad Bellum als Recht zum Krieg in Anspruch nehmen könnten, wäre in der Tat ein Desaster. Klar, dass wir dahin nicht zurückwollen. Hier leisten die EU und die ökonomische Verzahnung einen höchst wertvollen Beitrag. Aber die traurige Ironie, die sich jetzt zeigt, ist doch gerade, dass diese EU mittlerweile an manchen Punkten geradezu als Gegenteil einer Friedensmacht wirkt. Leider. Schauen Sie sich doch an, wie erbittert in Großbritannien über die Zukunft des Vereinigten Königreiches in der EU gestritten wird. Oder blicken wir nach Frankreich, wo bei aktuellen Gelbwesten-Protesten Menschen schwer verletzt, auch getötet werden, auch weil Emmanuel Macron versucht, seine Ökonomie an europäische Standards anzupassen. Ich will da nicht Dinge miteinander gleichsetzen, die man nicht gleichsetzen kann, aber ich sage: Auch Europa als Friedensprojekt hat derzeit nicht nur eine befriedende Wirkung. In der Ukraine wird über die Zugehörigkeit zur EU quasi Krieg geführt.

WOLFFSOHN: Die Ukraine ist aber nicht die EU ... Nehmen wir den Balkan: Von 1991 bis 1999 sind Hunderttausende auf der Balkanhalbinsel gestorben oder geflohen, wodurch die erste große Migrationswelle ausgelöst wurde. Die Betonung des europäischen Friedensgedankens durch die EU war ganz zentral dafür, dass dieser Krieg beendet wurde. Alle wollten in die EU hinein, was es auch kosten mag, einige der ehemaligen jugoslawischen Teilrepubliken sind schon drin, die anderen wollen noch kommen. Das ist doch ein klares Zeichen dafür, dass hier die strukturelle Unfähigkeit, gegeneinander Krieg zu führen, wenn überhaupt, nur durch die EU zu sichern ist. Wer sagt, dass die EU nicht in der Lage ist, Frieden herzustellen, der kennt die Realität nicht.

BRÖNING: Zum Teil richtig. Deshalb hat die EU ja auch mit Recht den Friedensnobelpreis erhalten. Aber zugleich muss man konstatieren, dass die Welle von populistischen Amtsträgern, die inzwischen ein gutes Drittel des Kontinents regieren – von Ungarn über Polen bis hin nach Österreich und Italien – angefeuert wird durch den Zwang, europäische Angelegenheiten zu vereinheitlichen, die sich nicht so einfach vereinheitlichen lassen.

WOLFFSOHN: Aber die führen nicht Krieg, das ist ein entscheidender Punkt.

BRÖNING: Noch nicht, aber ...

WOLFFSOHN: Nein, sie werden auch nicht.

BRÖNING: ... würden Sie die Hand ins Feuer legen, dass das in zwanzig Jahren auch noch so ist?

WOLFFSOHN: So weit geht der Todestrieb nicht. Der interessengebundene Überlebenstrieb ist stärker, da bin ich sicher.

BINGENER: *Ich würde den Rahmen jetzt gern noch ein Stück größer ziehen. Wie sieht es mit dem Anspruch und den Möglichkeiten der Vereinten Nationen aus?*

WOLFFSOHN: Oh je, da kann ich nur den früheren israelischen Ministerpräsidenten David Ben-Gurion mit seinem Ausspruch »UNO – Schmuno« zitieren. Die UNO ist eine hochsympathische Illusion, die in der Theorie meine vorbehaltlose emotionale Unterstützung findet. Praktisch ist sie die Mehrheitsherrschaft von undemokratischen autoritären oder noch schlimmeren Staaten. Die UNO ist normativ – ausgehend vom demokratischen, aufgeklärten, am Naturrecht orientierten Recht und Menschenbild – völlig irrelevant. Ich finde es absurd, dass die UNO im praktizierten Völkerrecht de facto Positionen definieren kann. Das halte ich für ein ganz großes Legitimitätsdefizit den Nationen oder Staaten gegenüber, die demokratisch legitimiert sind.

BRÖNING: Ich habe einen positiveren Blick auf die Vereinten Nationen. Sicher, man kann immer fragen: Wie viele Divisionen hat die UNO, und dann auf den Gegensatz von Anspruch und Wirklichkeit verweisen. Aber lassen Sie uns grundsätzlicher werden. Noch vor einigen Jahrzehnten war es ja durchaus üblich, von der Einrichtung einer aufgeklärten Weltregierung zu träumen. Da haben wir mittlerweile doch ein sehr viel nüchterneres Bild. Das hat auch mit der Verschiebung der globalen Machtgleichgewichte zu tun, denke ich. Ich würde Herrn Wolffsohn aber in einem anderen Punkt Recht geben und davor warnen, eine globale Mehrheitsherrschaft anzustreben. Denn die Frage ist doch: Mit wem wollen wir diese Mehrheitsherrschaft als vermeintlicher Inbegriff der menschlichen Aufklärung konkret in Angriff nehmen? So viele international gleichgesinnte Akteure haben wir doch gar nicht mehr. Der Optimismus der frühen 1990er Jahre, als der amerikanische Politikwissenschaftler Francis Fukuyama mit seinem »The End of History« die Bestsellerlisten stürmte, ist nun wirklich verflogen. Seine These, die liberale Demokratie hätte sich nun konzeptionell auf Dauer durchgesetzt und zwar weltweit, wurde ja von der Geschichte selbst erbarmungslos als Illusion widerlegt. Aber: Wir müssen auf diesem Planeten so viel Kooperation wie möglich anstreben, das halte ich nach wie vor für richtig. Und das beste Instrumentarium, das wir dafür haben, sind nun einmal, mit allen Schwierigkeiten und mit allen Mankos, die Vereinten Nationen. Auch das ist politischer Realismus.

WOLFFSOHN: Leider nicht, das ist eine Fiktion. Ich nenne konkrete Beispiele. Nehmen wir zum Ersten den Menschenrechtsrat, den Human Rights Council. In seiner Zusammensetzung hat er mit Menschenrechten nichts zu tun. Es ist absurd, dass die Mehrheitsentscheidungen dieser bestenfalls autoritären Staaten hier Normen setzen kann. Ich akzeptiere sie jedenfalls nicht als moralische Instanz. Nächstes Stichwort: Kriegsverhinderung. Denken Sie an den Nahen Osten. In brenzligen Situationen hat sich die UNO immer zurückgezogen auf Bitten der jeweiligen Akteure. So versagt sie in Nahost schon seit Jahrzehnten. Oder die Friedensmission im Kongo: Der innerkongolesische Konflikt ist inzwischen ein zwischenstaatlicher Konflikt geworden, und die UNO-Truppen beteiligen sich massiv an Raub, Vergewaltigung, Plünderung usw. Die UNO ist hier das Problem, nicht die Lösung. Oder nehmen Sie Ruanda 1994, den Völkermord an den Tutsis. Kofi Annan war damals für die UNO-Friedenstruppe dort verantwortlich und bekommt später als UN-Generalsekretär den Friedensnobelpreis, eine Absurdität, die moralisch in keiner Weise zu rechtfertigen war. Die Liste wäre fortzusetzen. Kurzum, es ist Zeit, dass man sich die Wirklichkeit der UNO ansieht. Der Gedanke ist großartig, die Ausführung katastrophal, und wenn nicht demokratische Staaten qua Mehrheit hier Normen setzen, dann kann ich nur sagen, umso schlechter für die Normen demokratischer Gesellschaften.

BRÖNING: Die Vereinten Nationen können nur so stark sein, wie die Mitgliedsstaaten das ermöglichen. Und natürlich werden da oft auch Krokodilstränen vergossen. Es wird einerseits lamentiert darüber, dass die Völkergemeinschaft nicht handelsfähig ist und andererseits wird jeder Fortschritt mit Vetos blockiert. Zielführend ist das nicht. Aber noch einmal: Daraus würde ich keinen Abgesang auf die Vereinten Nationen ableiten. Und im Übrigen auch nicht auf das Konzept Nationalstaat. Im Gegenteil: Für mich gehören beide zusammen. Hier verweist Michael von der Schulenburg, einer der ehemals hochrangigsten deutschen UN-Diplomaten, aus meiner Sicht sehr überzeugend darauf, dass wir die Vereinten Nationen nur dann retten können, wenn wir auch die Nationalstaaten schützen.

WOLFFSOHN: Dann darf ich die UNO aber nicht als legitimierende Institution benutzen. Es ist doch nicht sinnvoll, dass für eine militärische Intervention die UNO-Zustimmung wichtiger ist als die NATO-Zustimmung – und die NATO-Staaten, wir reden mal nicht von der Türkei, sind immerhin alles demokratische Staaten. Hier ist die demokratische Legitimation viel stärker, wenngleich quantitativ begrenzter als in der UNO.

BINGENER: *Sie haben ja jetzt sehr nüchtern und realistisch die begrenzten Handlungsmöglichkeiten supranationaler Strukturen herausgearbeitet. Dennoch: Gibt es nicht einen gewissen historischen Drift in diese Richtung, weil man transnationale Lösungen schlicht in wachsendem Maß braucht? Beispielsweise im Hinblick auf Fragen der Digitalisierung? Auch die Klimaproblematik lässt sich nicht im Schengenraum lösen, geschweige denn auf nationaler Ebene. Wie soll man denn mit diesen Proble-*

men umgehen, wenn alle supranationalen Institutionen nicht funktionieren?

WOLFFSOHN: Doch, funktional ist das durchaus möglich, aber nicht normsetzend. In Blick auf den Klimawandel kann man globale Vereinbarungen treffen, die aber letztlich nur von den Nationalstaaten ausgeführt werden können.

BRÖNING: Sehe ich auch so. Diese Erkenntnis ist ein weiterer Beleg dafür, dass es Sinn macht, die Nationalstaaten eher zu stärken als zu schwächen.

WOLFFSOHN: Ich habe ja gar nichts gegen transnationale Koordinierung. Ich habe nur etwas gegen die Normensetzung dabei. Den Klimawandel zu reduzieren, soweit das überhaupt möglich ist, ist eine Frage des Überlebens. Da gibt es keine ideologischen Gegensätze, es sei denn, man verschließt sich mit Blindheit und erklärt den Klimawandel für eine Erfindung von wem auch immer, solche Leute gibt es ja bekanntlich.

BINGENER: *Natürlich sind es derzeit letztlich die einzelnen Staaten, die die vereinbarten Maßnahmen, etwa zum Schutz des Klimas, treffen müssen. Die Frage ist bloß, ob sie es auch in ausreichendem Maß tun und ob nicht auf vielen Problemfeldern ein transnationaler Handlungsrahmen von großem Vorteil wäre. Die Forderung, transnationalen Organisationen wie der UNO dafür auch mehr Machtmittel in die Hand zu geben, ist von daher ganz so abwegig nicht. Zumal es historisch betrachtet ja einen gewissen Trend hin zu einer koordinierten Problembearbeitung in immer größeren Maßstäben zu geben scheint.*

BRÖNING: Selbstverständlich ist transnationale Kooperation sinnvoll, und dafür sollten wir auch Foren wie die Vereinten Nationen stärken. Aber noch einmal zu Herrn Wolffsohn und der Frage nach internationalen Normen: Natürlich ist es problematisch, dass der UN-Menschenrechtsrat so handelt, wie er handelt. Aber Sie schütten das Kind mit dem Bade aus. Die Vereinten Nationen sind doch noch etwas mehr als nur der Menschenrechtsrat. Wäre die Welt ohne UN-Generalversammlung, ohne UNICEF oder das Flüchtlingshilfswerk UNHCR wirklich eine bessere? Das würde ich stark bezweifeln. Ich glaube schon, dass wir alles daransetzen müssen, die UN zu stärken. Das wird in vielen Fällen nur gelingen, indem wir den Nationalstaat stärken, aber es wird in vielen Fällen eben auch nicht gehen, ohne die nationalen Scheuklappen und nationale Egoismen abzulegen.

BINGENER: *Wie glauben Sie denn, dass das Klimaproblem gelöst oder bearbeitet werden kann, Herr Bröning?*

BRÖNING: Ich glaube kaum, dass ich das abschließend beantworten kann. Aber vielleicht so viel: Ich bezweifle, dass es uns gelingen wird, Hunderte Millionen von Menschen des globalen Südens, die aus nachvollziehbaren Gründen auf aufholende Entwicklung hoffen, rechtzeitig von den Vorzügen eines erleuchteten Postmaterialismus zu überzeugen. Deswegen meine ich, dass wir uns darum bemühen sollten, fortschrittliche Lösungen für Probleme des Fortschritts zu finden. Übrigens gerade als linke politische Kräfte. Die Linke war nie eine Bewegung, die sich gegen technischen Fortschritt gestellt hat. Sie hat den Arbeitern aus den Fabriken ja eben nicht die Rückkehr zur Scholle anempfohlen, sondern sich dafür eingesetzt, den technischen Fortschritt sozial verträglich zu machen. Das hat insgesamt ganz gut geklappt. Weshalb jetzt nicht erneut, nur eben ausgerichtet auf die ökologische Herausforderung?

WOLFFSOHN: Ich bin sehr skeptisch, dass der Klimawandel überhaupt in den Griff zu bekommen ist. Wir müssen alles unternehmen, um die Beschleunigung des hierbei Menschengemachten zu verringern oder ihr Einhalt zu gebieten, falls das überhaupt möglich ist. Alles, was man ökologisch tun kann, ist vernünftig und notwendig. Aber erdgeschichtlich betrachtet, ist der Klimawandel eine Konstante, und eines Tages wird es – wir werden es alle nicht erleben und unsere Leser und deren Enkel auch nicht – diesen Planeten nicht mehr geben. Nehmen wir ein konkretes Beispiel, den dramatischen Klimawandel in Grönland, das früher mal Greenland war, also grün. Wir wissen aus der Archäologie, dass die alten Wikinger dort tatsächlich ihr Vieh grasen ließen, weil das Land grün war, was es jetzt nicht mehr ist oder vielleicht eines Tages wieder sein wird. Das heißt also, lange vor der Industrialisierung, lange vor dem Eingreifen des Menschen gab es Klimawandel. Natürlich ist der durch die industrielle Entwicklung dramatisch beschleunigt worden, das ist unbestreitbar.

Also: Wir müssen tun, was wir können, um die Folgen des Klimawandels für die Menschen abzumildern. Aber zu denken, dass man diese Konstante der Menschheitsgeschichte grundsätzlich ausschalten könne, folgt dem Irrglauben, dass wir, jetzt rede ich als gläubiger Mensch, Gott spielen können. Wir sind aber nicht Gott. Wir müssen akzeptieren, dass uns als Menschen Grenzen gesetzt sind, die man kosmologisch, göttlich oder wie auch immer nennen kann.

BRÖNING: Texanische Ölbarone formulieren das Ganze ähnlich.

WOLFFSOHN: Das ist mir egal. Es kommt nicht darauf an, wer etwas sagt, sondern es kommt darauf an, was gesagt wird und ob es richtig oder falsch ist. Für mich sind die Bilder der Pariser Klimakonferenz geradezu beängstigend gewesen, als sich alle in die Arme fielen und die Rettung des Planeten Erde gefeiert haben, weil hier die Gottwerdung des Menschen durch den Menschen gefeiert worden ist. Das ist inakzeptabel – egal, ob ich Jude, Christ oder Muslim bin, ob ich daran glaube, dass es Gott gibt oder nicht. Die Vergöttlichung des Menschen durch den Menschen halte ich für einen geradezu usurpatorischen Anspruch.

BRÖNING: Ich habe da eine andere Auffassung. Dass der Mensch auf diesem Planeten, dessen Geschick er im Anthropozän bestimmt wie keine andere Spezies, Verantwortung übernimmt, ist keine Anmaßung, sondern notwendig und ehrenvoll.

WOLFFSOHN: Das bestreite ich nicht. Es ist nicht die Frage, ob ehrenvoll, sondern ob möglich. Ich bestreite nur, dass man eben den Gang der Dinge final ändern könne. Wir haben es mit einem kosmologischen Prozess zu tun, der im Universum abläuft, damit sollten wir uns nun nicht anfreunden, aber wir können es nicht leugnen. Auch ehrenvolle Dummheit ist Dummheit. Alles, was wir tun können, muss getan werden, selbstverständlich. Aber wie gesagt, wir müssen unsere Gattungs- und Planetenendlichkeit leider anerkennen. Keiner möchte sterben, jeder muss es.

BRÖNING: Wenn Sie in kosmologischen Zusammenhängen denken: Ja sicher, dann steuern wir alle auf den Big Crunch zu. Aber bis das so weit ist, sollten wir vor allem versuchen, unsere politischen Lösungsvorschläge nicht im Gegensatz zu den Prinzipien menschlicher Entwicklung, sondern im Einklang mit ihnen zu entwerfen. Eine umfassende Erzählung des Verzichts auf planetarischer Ebene halte ich politisch für nicht umsetzbar. Die Bereitschaft zur Askese, die wir als Spezies an den Tag legen, ist ja augenscheinlich nicht sonderlich groß. Die US-Zeitschrift The Atlantic meinte vor kurzem, unser Klimaverhalten erinnere an einen Fast-Food-Junkie, der sich tagtäglich von Pizza ernährt, aber stolz darauf ist, in der vergangenen Woche mal ein Stück Brokkoli draufgelegt zu haben. Ich sehe das ähnlich: Auf dieser Ebene bleibt nicht allzu viel Optimismus. Aber wie gesagt, unsere besten Chancen, unsere beste Hoffnung ist, all das zu tun, was wir tun können, um politisch gegenzusteuern. Das wird nicht gehen, ohne dass wir auch staatliche Regelungsversuche umsetzen und gleichzeitig darauf bauen, durch Entwicklung technische Lösungen zustande zu bringen. Die Wale haben nicht dadurch noch eine Überlebenschance, dass man den Kindern den Lebertran weggenommen hat, sondern auch und gerade, weil man Alternativen zur Waljagd gefunden hat.

BINCENER: *Herr Wolffsohn, noch einmal die Frage an Sie als Historiker: Man könnte ja die Geschichte Europas in den letzten fünfhundert bis tausend Jahren auch so lesen, dass die Entwicklung immer hin zu größeren politi-*

schen Einheiten geht. Man hatte erst ganz kleine Einheiten – mal abgesehen von der Superstruktur des Römischen Reiches, dann den frühneuzeitlichen Staat, dann die Nationwerdung, das Kaiserreich und jetzt eben eine supranationale Struktur.

WOLFFSOHN: Das ist eine Entwicklung, die war. Die Entwicklung, die ist, zeigt eher eine erneute Fragmentierung. Nehmen Sie die Diskussion im Vereinigten Königreich, Schottland oder auch in Wales, in Irland und Nordirland, in Katalonien, Norditalien, Süditalien, in der Ukraine, der Ostukraine und der Westukraine. Überall zeigt sich eine Entwicklung hin zur Fragmentierung. Auf der anderen Seite haben wir die Notwendigkeit der Koordinierung, ja der internationalen Koordinierung. Das heißt aber nicht, dass wir einen Einheitsstaat anstreben sollten, weil der, darüber haben wir gesprochen, nicht wirkungsvoller ist. Also: Ja, der Drift zu größeren Einheiten ist der historische Prozess, aber der scheint sich gerade umzukehren.

BINGENER: *Auf welchen Ebenen wird denn Ihrer Meinung nach in zwanzig oder in fünfzig Jahren Politik betrieben werden? Sind es dieselben wie heute oder werden es andere sein?*

BRÖNING: Den historischen Prozess sehe ich, anders als Herr Wolffsohn, schon. Es gibt einen gewissen Trend hin zu größeren Einheiten, aber dieser Trend endet bislang auf nationaler Ebene. Die Anzahl der Staaten hat sich, wenn Sie in Jahrtausenden denken, ja stark reduziert, und natürlich gibt es so etwas wie eine entstehende Weltgesellschaft, die global kommuniziert – das war im 13. oder 14. Jahrhundert alleine aufgrund von technischen Beschränkungen schlichtweg unmöglich. Aber anders als Herr Wolffsohn bin ich nicht sicher, ob wir es wirklich mit umfassender und immer kleinteiligerer Fragmentierung zu tun bekommen werden. Die Fragmentierung zeigt sich ja vor allem dort, wo wir es mit quasi-imperialen Institutionen zu tun hatten – wie etwa in der Sowjetunion. Da brach in Anlehnung an Willy Brandt auseinander, was nicht zusammengehörte. In ferner Zukunft mag eine Agglomeration auf höherer Ebene denkbar sein, die die Nationalstaaten obsolet macht. Wenn das geschieht: in Ordnung. Ich bin nicht der Auffassung, dass der Nationalstaat eine sakrale Bedeutung hat als das letztendlich gültige, seligmachende Konzept, das allein der menschlichen Disposition entspricht. All das ist im Wandel begriffen und kann sich weiterentwickeln. Dafür allerdings braucht es Geduld. Deshalb würde ich davor warnen, das Konzept Nationalstaat schon jetzt moralisch zu diskreditieren. Die Vision, die Nationalstaaten zu zerschlagen, und dann darauf zu hoffen, dass auf wundersame Weise etwas weitaus Erhabeneres entsteht, ist reichlich riskant.

WOLFFSOHN: Hier Vermutungen anzustellen, wäre reine Kaffeesatzleserei. Aber ich bin überzeugt: Nichts kann werden, was nicht schon geworden ist. Wer weiß, was war, der weiß, was wird, zumindest was strukturell möglich ist. Und hier haben wir einen grundsätzlichen Dissens, Herr Bröning: Ich stelle die These auf, es gibt keinen Nationalstaat, weil es keine einheitliche Identität von Nation und Staat gibt, sondern wir haben vielschichtige Staaten. Und diese Vielschichtigkeit der Staaten spiegelt sich nicht in ihrer Struktur wider. Das aus der gegenwärtigen Situation in die Zukunft projiziert heißt: Wenn die innerstaatlichen und die zwischenstaatlichen Konflikte minimiert oder gar pazifiziert werden sollen, brauchen wir zunehmend bundesstaatliche Strukturen innerhalb der heute bestehenden Staaten. Das bedeutet, dass Spanien beispielsweise zunehmend föderalistisch sein wird. Auch das Vereinigte Königreich wird zunehmend föderalistisch werden. Sogar Frankreich wird – wenn es denn seine staatliche Einheit bewahren will – eine Föderalisierung und Regionalisierung erleben, nicht überall, aber etwa auf Korsika. Wir brauchen innerhalb der bestehenden Staaten mehr bundesstaatliche Strukturen. Damit einhergehen wird auf der Makroebene die gegenteilige Entwicklung hin zu konföderativen, also staatenbündischen Strukturen. Und hier ist die EU ein Vorreiter, weil sie letztlich eine konföderative Struktur hat. Wir werden es mit einer Doppelstrategie zu tun bekommen: einerseits mit Föderalisierung im Sinne von Bundesstaaten, andererseits mit Konföderalisierung, also mit Staatenbünden.

BRÖNING: Ich bin der Letzte, der etwas gegen Konföderationen hat – im Gegenteil. Gerade für Europa sehe ich darin eine Chance. Aber ich bin skeptisch, was unsere Prognosefähigkeit für langfristigen Trends angeht. Wir sind an einem Punkt, an dem die Zukunft schlichtweg nicht prognostizierbar ist. Wir erleben eine nie dagewesene Geschwindigkeit des Wandels, die auch technisch induziert ist, die verlässliche Vorhersagen unmöglich macht. Wir sehen im technischen Bereich erst die Anfänge der künstlichen Intelligenz. Hier die Folgen seriös abzuschätzen, ist ähnlich komplex, wie anlässlich der Erfindung der Dampfmaschine die Einführung des Frauenwahlrechts oder das Aufkommen sozialistischer Massenparteien vorherzusagen. Es ist unmöglich zu extrapolieren, wo unsere Gesellschaften auch nur in zwanzig Jahren stehen werden. Wer hätte vor zehn Jahren erwartet, dass mobile Kommunikationsplattformen den Arabischen Frühling oder den Trump-Sieg befördern würden?

BINGENER: *Wird sich langfristig das System »Demokratie« bewähren, halten oder sogar durchsetzen? Oder ist das eher unwahrscheinlich, wenn man betrachtet, wie China die Digitalisierung zur Beschneidung von Freiheiten nutzt?*

WOLFFSOHN: Mit oder ohne Digitalisierung – das Bedürfnis nach individueller sowie kollektiver Selbstbestimmung ist eine historische Urkraft. Man kann sie lange unterdrücken, aber nicht dauerhaft. Die technologischen Hilfsmittel sind dabei ein beschleunigendes Instrument. Wie stark die Beschleunigung ist, vermag aber niemand ernsthaft vorauszusagen, das ist klar. Doch sie können auf Dauer keine Gesellschaft unterdrücken. Auch nicht die Konflikte in den Gesellschaften. Demokratie ist nicht irgendeine Ideologie, sondern dem menschlichen Bedürfnis nach Selbstbestimmung auf individueller sowie kollektiver Ebene angepasst. Sie ist daher in jeder Hinsicht human. Wie gesagt, Unterdrückung ist möglich, aber nicht dauerhaft.

BRÖNING: Wäre schön, wenn Sie in diesem Punkt Recht hätten. Demokratie ist historisch gesehen ja nicht der Normalfall, sondern eine seltene Ausnahme. Deswegen bin ich nicht blauäugig optimistisch, was die Zukunft der Demokratie angeht, aber auch nicht ohne Hoffnung. Ganz sicher aber bin ich mir darin, dass die Demokratie nur dann eine Chance hat, wenn sie gelehrt, gelernt und vor allem praktiziert wird und wir uns für sie einsetzen. Und zwar nicht nur gegen menschliche, sondern auch gegen technologische Herausforderungen und vermeintliche ökonomische Sachzwänge. Es ist ein Allgemeinplatz zu sagen, Demokratie müsse erstritten und verteidigt werden, aber ich glaube, dass wir an einem Punkt in der Geschichte angekommen sind, wo es genau darauf ankommt.

WOLFFSOHN: Dabei geht es uns, da glaube ich für uns beide zu sprechen, nicht um eine Demokratie, die durch Mehrheitsbeschluss das wechselseitige Töten erlaubt, sondern um eine Demokratie, die die Unantastbarkeit des menschlichen Lebens zur Conditio sine qua non erhebt.

BRÖNING: Das hat unser Grundgesetz genau aus diesem Grund ganz an den Anfang gestellt. Es geht darum, den Menschen nie als bloßes Mittel zum Zweck zu betrachten – auch nicht für einen vermeintlich besonders guten.

WOLFFSOHN: Ich ergänze sozusagen mit einem symbolischen Amen. Unsere heutige Welt ist voller Leid. Sie ist aber die beste, die es je gab. Alle Demokratie haben erhebliche demokratische, wirtschaftliche, kulturelle, rechtliche oder ethische Defizite. Auch unsere. Aber gibt es bessere? Ich kenne keine.

BINGENER: *Lieber Herr Wolffsohn, lieber Herr Bröning, ich danke Ihnen für das engagierte Gespräch.*